MANUAL PARA
CONVERSAR EN ESPAÑOL

집중 스페인어 회화

Manual para conversar en español

elemental, intermedio y avanzado

집중 스페인어 회화

초판 1쇄 발행 2020년 9월 30일
초판 2쇄 발행 2022년 1월 30일

지은이 Claudia Macías, Ramiro Zúñiga, Elizabeth Castro, Dorlisca Hilares

펴낸곳 서울대학교출판문화원
주소 08826 서울 관악구 관악로 1
도서주문 02-889-4424, 02-880-7995
홈페이지 www.snupress.com
페이스북 @snupress1947
인스타그램 @snupress
이메일 snubook@snu.ac.kr
출판등록 제15-3호

ISBN 978-89-521-2938-3 03770

MANUAL PARA CONVERSAR EN ESPAÑOL

집중 스페인어 회화

ELEMENTAL, INTERMEDIO Y AVANZADO

Claudia Macías, Ramiro Zúñiga,
Elizabeth Castro, Dorlisca Hilares 지음

서울대학교출판문화원

PRESENTACIÓN

El *Manual para conversar en español: elemental, intermedio y avanzado* contiene 60 temas desarrollados a través de más de 700 preguntas con varias opciones de respuesta cada una y 3 debates, para que los alumnos interactúen en diálogos de la vida cotidiana y de la actualidad. Se ofrecen más de 2,000 respuestas relacionadas con temas de sociedad, tecnología, educación, deportes, economía, política y medio ambiente.

En cada sección, se consideran preguntas de puesta en común para que los alumnos revisen los diálogos en grupo, aunque este texto sirve también para el estudio individual. En todos los niveles, se incluye una ficha inicial con el tópico lingüístico junto con un ejercicio gramatical y sus respuestas incluidas. Las respuestas se agregan inmediatamente después de los ejercicios gramaticales, para que el alumno pueda estudiar de manera autodidacta. Al final de cada lección, se propone un tema para discusión también con la ficha de información correspondiente.

Las actividades incluidas son producto de años de experiencia en el aula, por lo cual hemos comprobado el resultado en el entusiasmo de los alumnos al finalizar el curso y en la capacidad que adquieren para mejorar su conversación. Los autores son profesores de español nativos con una reconocida trayectoria, todos originarios de países hispanoamericanos.

La importancia de expresarse en español aumenta día a día, y este texto se ofrece a nuestros estudiantes como un instrumento que les permitirá avanzar en su habilidad de conversación en español. Deseamos agradecer al Prof. Yoon, Bong-Seo por su revisión de las traducciones al coreano. Igualmente, agradecemos al Departamento de Lengua y Literatura Hispánicas de la Universidad Nacional de Seúl y a SNU Press por su apoyo para la publicación de este libro.

Seúl, julio de 2020

머리말

『집중 스페인어 회화(*Manual para conversar en español: elemental, intermedio y avanzado*)』는 사회, 기술, 교육, 스포츠, 경제, 정치 및 환경 문제와 관련된 60가지의 주제를 다루며, 세 종류의 토론이 포함된 700가지가 넘는 질문과 2,000개 이상의 답을 제시하여 학습자가 일상생활과 시사 문제에 대해 상호 작용을 하며 대화를 연습할 수 있도록 구성되었습니다.

각 테마에서 공통적으로 제시되는 질문들은 개인 학습은 물론, 그룹으로 함께하는 대화 연습에도 적용할 수 있도록 되어 있습니다. 모든 테마의 첫 부분에서는 문법 연습과 함께 어학적인 주제를 제시하며, 각 테마의 마지막 부분에서는 관련된 정보와 함께 학습자가 토론할 수 있는 주제가 주어집니다. 문법 연습이 끝나는 부분에는 답이 바로 제공되어 학습자는 개별적으로도 공부할 수 있습니다.

날이 갈수록 스페인어 회화의 중요성은 점점 더 중요해지고 있습니다. 인정받는 실력을 가진 중남미 국가 출신의 스페인어 원어민 저자들은 수년 간의 실제 강의 경험을 통해 이 책을 집필하였으며, 스페인어에 대한 학생들의 열정과 회화 능력 배양을 목표로 합니다.

마지막으로 한국어 번역 부분을 검토해 주신 윤봉서 교수님께 감사드립니다. 또한 이 책이 출판될 수 있도록 도움을 준 서울대학교 서어서문학과와 서울대학교출판문화원에 감사드립니다.

서울에서, 2020년 7월

| ÍNDICE |

NIVEL INTERMEDIO

NIVEL AVANZADO

NIVEL ELEMENTAL

NIVEL INTERMEDIO

NIVEL AVANZADO

NIVEL ELEMENTAL

América Latina

Tema 01

¿Cómo somos?

**Descripción física* (외향 묘사)

1. En español, los **nombres** de las personas son muy importantes (스페인어권 문화에서는 이름이 매우 중요합니다).
   *Al hablar en español, ¡vamos a llamar a nuestros compañeros por **su nombre**!
   (스페인어로 말할 때는 친구들의 이름을 불러 줍시다!)
2. En español, no decimos ~~yo y mi compañero, tú y tu amiga~~...
   *Lo correcto es: "*mi amigo* **y yo**", "*mi compañera* **y yo**", "*tu amiga* **y tú**", etc.
3. Si dices "*no*", debes decir después "**ni**": "*no* quiere **ni yo tampoco**".
4. Si dices "*sí*", debes decir después "*y*": "*sí* quiere **y yo también**".

Práctica de conversación

1. Hola, ¿cómo te llamas? / Hola, ¿cuál es tu nombre?

a) Me llamo __________ ¿Y tú? ... Mucho gusto.

b) Mi nombre es __________ ¿Y tú? ... Encantado(a).

2. ¿Quién tiene el pelo (머리카락) más largo (길다) en tu familia?

a) Mi mamá tiene el pelo más largo en mi familia.

b) Mi hermana tiene el pelo más largo en mi familia.

c) Yo tengo el pelo más largo en mi familia.

3. ¿Quieres cambiar (바꾸다) el color de tu pelo?

a) Sí, quiero tener el pelo castaño (갈색 머리) / rubio (금발).

b) No, no quiero cambiar el color de mi pelo.

4. ¿Te gusta (...를 좋아해?) el pelo ondulado (곱슬머리) o el pelo lacio (생머리)?

a) Me gusta más (제일 좋아해) el pelo ondulado.

b) Me gusta más el pelo lacio.

c) Me gustan ambos (둘 다), el pelo ondulado y el pelo lacio.

d) Me gusta más el pelo rizado (파마머리).

5. ¿Quién es el más alto (키가 큰) en tu familia?

a) El más alto en mi familia es mi papá / mi hermano.

b) La más alta en mi familia es mi mamá / mi hermana.

c) El más alto en mi familia soy yo. / La más alta en mi familia soy yo.

6. ¿Tienes manos (손) pequeñas, medianas o grandes?

a) Tengo manos pequeñas. / Tengo manos muy pequeñas.

b) Tengo manos medianas.

c) Tengo manos grandes. / Tengo manos muy grandes.

7. ¿Tienes uñas (손톱 혹은 발톱) cortas o largas?

a) Tengo uñas cortas.

b) Tengo uñas largas.

***Pregunta a varios compañeros**

1) Mi compañero(a) ________ tiene uñas cortas y yo también.

2) Mi compañero(a) ________ tiene uñas largas y yo también.

8. ¿Conoces (알고 있다) a alguien con bigote (콧수염)?

a) Sí, mi vecino (이웃 사람) tiene bigote.

b) Sí, mi amigo tiene bigote.

c) Sí, el pintor español Salvador Dalí tiene bigote.

9. ¿Conoces a alguien con barba (턱수염)?

a) Sí, mi vecino tiene barba.

b) Sí, mi amigo tiene barba.

c) Sí, el rey Sejon tiene barba.

10. ¿A quién te pareces (너 누구랑 닮았어?) en tu familia?

a) Me parezco a mi papá / a mi mamá / a mi abuelo / a mi abuela.

b) Me parezco a mi papá y a mi mamá.

c) No me parezco a nadie.

***Encontrar a un(a) compañero(a) con igual respuesta**

1) Mi compañero(a) ________ se parece a su ________ y yo también.

2) Mi compañero(a) ________ no se parece a nadie ni yo tampoco.

Práctica gramatical

Ejercicio 1

Escoger la palabra correcta para completar la frase

alto(a) un poco alto(a) muy alto(a) delgado(a) (날씬한)
un poco delgado(a) (조금 날씬한) muy delgado(a) (매우 날씬한)

1. Mi padre es ____________________
2. Mi madre es ____________________
3. Mi amiga es ____________________
4. Todos los chicos de mi clase son ____________________
5. Mi compañero(a) (NOMBRE) __________ es __________

(el) pelo corto (el) pelo largo (el) pelo ondulado (el) pelo negro
(el) pelo castaño ojos negros ojos grandes ojos pequeños
uñas cortas uñas largas

6. Mi amigo tiene ____________________
7. Mi madre tiene ____________________
8. Mi padre tiene ____________________
9. Mi compañero(a) (NOMBRE) __________ tiene __________
10. Mi compañero(a) (NOMBRE) __________ tiene __________

Ejercicio 2

Dibujar a Lola o a Lalo, junto con un compañero(a)

**Después, comparar con otros compañeros*

"Lola" - MODELO 1

1. Lola es alta y delgada. 2. Tiene pelo rubio, corto y rizado. 3. Tiene ojos pequeños y azules. 4. Tiene boca grande y nariz larga. 5. Tiene manos pequeñas y uñas largas. 6. Tiene piernas cortas y brazos delgados. 7. Tiene pies grandes.	

"Lola" - MODELO 2

1. Lola es baja y gorda. 2. Tiene pelo castaño, largo y rizado. 3. Tiene ojos grandes y cafés. 4. Tiene boca grande y nariz pequeña. 5. Tiene manos grandes y uñas largas. 6. Tiene piernas cortas y brazos fuertes. 7. Tiene pies pequeños.	

"Lalo" - MODELO 1

1. Lalo es bajo y delgado. 2. Tiene pelo negro, corto y lacio. 3. Tiene ojos grandes y verdes. 4. Tiene boca pequeña y nariz grande. 5. Tiene piernas largas y brazos cortos. 6. Tiene manos y pies grandes.	

"Lalo" - MODELO 2

1. Lalo es alto y gordo. 2. Tiene (el) pelo rubio, corto y ondulado. 3. Tiene ojos pequeños y negros. 4. Tiene boca grande y nariz pequeña. 5. Tiene piernas largas y brazos cortos. 6. Tiene manos y pies grandes.	

Tema 02

Tus costumbres

**Descripción física y psicológica* (외향과 성격 묘사)

Descripción física: ***¿Cómo eres?*** (너의 모습은 어때?)

-*Soy* **alto(a), deportista** (운동을 좋아하는), **uso lentes** (안경) y **uso calzado** (신발 사이즈) *del* 24.

Descripción psicológica: ***¿Cómo piensas que eres?*** (너의 모습은 어떻다고 생각하니?)

-*Soy un poco* **tímido(a)** (소심한), *pero* **simpático(a)** (친절한), **entusiasta** (열정이 많은) y **trabajador(a)** ([일을] 열심히 하는).

Práctica de conversación

1. ¿De qué número (어떤 사이즈인가요?) son tus zapatos (신발)?

a) Mis zapatos son del veinticinco (25) / uso calzado (신발) del 25.

***Pregunta a TODOS tus compañeros**

1) Mi compañero(a) ________ usa zapatos del ________ y yo también.

2) Yo calzo (신다) del número ________ y nadie más.

220 = 22 veintidós	250 = 25 veinticinco	280 = 28 veintiocho	
225 = 22 y medio	255 = 25 y medio	285 = 28 y medio	uso calzado del 24
230 = 23 veintitrés	260 = 26 veintiséis	290 = 29 veintinueve	
235 = 23 y medio	265 = 26 y medio	295 = 29 y medio	
240 = 24 veinticuatro	270 = 27 veintisiete	300 = 30 treinta	
245 = 24 y medio	275 = 27 y medio	350 = 30 y medio	

2. ¿Cuántas horas duermes (잠자다), normalmente (보통), entre semana (평일에)?

a) Normalmente, duermo __________ horas al día, entre semana.

4 cuatro	5 cinco	6 seis	7 siete	8 ocho
9 nueve	10 diez	11 once	12 doce	13 trece

3. ¿Cuántas horas duermes, normalmente, los fines de semana (주말)?

a) Los fines de semana, duermo __________ horas al día.

***Pregunta a TODOS tus compañeros**

1) Mi compañero(a) ________ duerme ________ horas, los fines de semana y yo también.

2) Los fines de semana, yo duermo ________ horas y nadie más.

4. ¿Usas (사용하다) lentes o gafas de sol (선글라스)?

a) Sí, tengo lentes de sol / tengo gafas de sol / tengo lentes oscuros.

b) No, no tengo lentes de sol / gafas de sol / lentes oscuros.

5. ¿Comes (먹다) mucho o poco?

a) Creo que como poco / mucho / ni mucho ni poco.

***Encontrar a un(a) compañero(a) con igual respuesta**

1) Mi compañero(a) ________ come ________ y yo también.

6. ¿Eres tímido(a) o abierto(a) (외향적인)?

a) Creo que soy tímido(a).

b) Creo que soy abierto(a).

c) Soy un poco tímido(a) a veces (가끔).

7. ¿En tu familia, quién es más paciente (참을성이 많은)?

a) Mi papá y mi mamá son muy pacientes.

b) Mi __________ es muy paciente, pero mi __________, no.

c) Mi hermano(a) es muy paciente.

8. ¿Te gusta (...를 좋아해?) la moda?

a) Sí, me gusta toda la moda.

b) A veces, me gusta la moda.

c) No, no me gusta la moda.

9. ¿Te gusta más el tango, la salsa o la samba?

a) Me gusta más el tango / la salsa / la samba / __________

b) Ninguno, solamente, me gusta la música __________

10. ¿Quién (무엇을) es el (la) cantante (가수) más atractivo(a) (매력적인)?

a) Creo que la cantante más atractiva es __________

b) Creo que el cantante más atractivo es __________

Práctica gramatical

Ejercicio 1

Escribir cada palabra en el cuadro del verbo correcto

SOY: deportista joven entusiasta
trabajador(a) abierto(a)
TENGO /NO TENGO: ojos... barba nariz...
gafas pelo... bigote

SER (soy...)	TENER (tengo...) / (no tengo...)

Ejercicio 2

Escribir en un papelito 3 CUALIDADES y 2 DEFECTOS

**Pegar tu papelito en tu gafete* (이름표에 메모지를 붙이세요.)

**Preguntar a tus compañeros*

(친구들에게 다음을 묻고 대답을 메모지에 적으세요.)

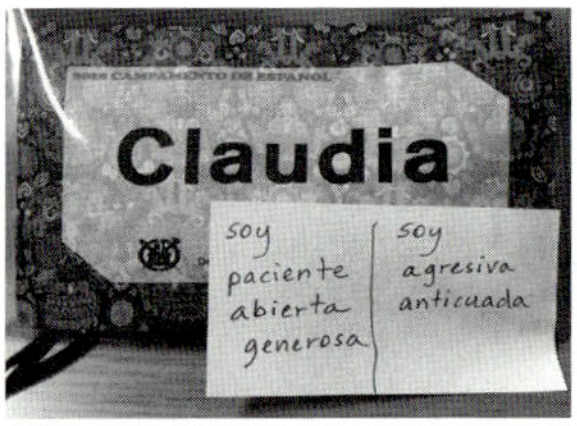

A: ¿Cómo piensas que eres?

B: Pienso que soy... (...라고 믿어[생각해])

CUALIDADES (장점)	DEFECTOS (단점)
1. paciente (참을성이 많은)	1. agresivo(a) (공격적인, 다혈질의)
2. entusiasta (열정이 많은)	2. aburrido(a) (지루한, 열정이 없는)
3. inteligente (똑똑한, 명석한)	3. tonto(a) (어리석은, 멍청한)
4. generoso(a) (관대한)	4. tacaño(a) (인색한)
5. abierto(a) (열려 있는, 외향적인)	5. tímido(a) (소심한, 내성적인)
6. optimista (낙천적인)	6. pesimista (회의적인)
7. estudioso(a) ([공부를] 열심히 하는)	7. perezoso(a) (게으른, 나태한)
8. simpático(a) (착한, 친절한)	8. antipático(a) (못된, 불친절한)
9. idealista (이상주의자[의])	9. materialista (물질주의자[의])
10. trabajador(a) ([일을] 열심히 하는)	10. flojo(a) (게으른, 나른한)
11. moderno(a) (현대적인)	11. anticuado(a) (시대에 뒤진)
*deportista (운동을 하는)	*comilón(a) (많이 먹는)
	*dormilón(a) (많이 자는)

CUALIDADES

Yo soy __________ y mi compañero(a) __________, también.

Yo soy __________ y mi compañero(a) __________, también.

Yo soy __________ y mi compañero(a) __________, también.

DEFECTOS

Yo soy __________ y mi compañero(a) __________, también.

Yo soy __________ y mi compañero(a) __________, también.

Yo soy __________ y mi compañero(a) __________, también.

Tema

03 En la familia

Relaciones básicas familiares (기본적인 가족 관계)

Hola, mi nombre es Jorge, soy el **padre** de esta familia. En mi familia somos siete (7), mi **esposa** Paty, nuestros tres (3) **hijos** y mis **padres**. Mi **esposa** Paty es simpática y alegre, quiere mucho a mi **madre**. Alex es el **hijo mayor**, es deportista y entusiasta. Raúl es **el mediano** y es muy trabajador. Silvia es **la menor** y tiene muchas amigas. Todos son muy estudiosos e inteligentes y quieren mucho a su **abuelo** Pablo y a su **abuela** Laura. ¡Somos una familia muy feliz!

Práctica de conversación

1. ¿Cuántas personas (사람들) hay (있다) en tu familia?

a) En mi familia somos 5: mi abuela, mi papá, mi mamá, mi hermano(a) y yo.

b) En mi familia somos __________: ______________________________

2. ¿Tienes hermanos (형제들)?

a) Sí, tengo un(a) hermano(a).

b) Sí, tengo dos: un hermano y una hermana.

c) No, soy hijo único. / No, soy hija única.

3. ¿Eres el mayor (나이가 더 많은) o el menor (나이가 더 적은)? / ¿Eres la mayor o la menor?

a) Soy el / la mayor.

b) Soy el mediano (중간) / la mediana.

c) Soy el / la menor.

d) Soy hijo(a) único(a). (*No se necesita "el" ni "la")

***Pregunta a TODOS tus compañeros**

1) Mi compañero(a) __________ es el / la mayor y yo también.

2) Mi compañero(a) __________ es el / la mediano(a) y yo también.

3) Mi compañero(a) __________ es el / la menor y yo también.

4) Mi compañero(a) __________ es hijo(a) único(a) y yo también.

**En 4) no se necesita "el" ni "la".*

4. ¿Tienes hermanos o primos (사촌) casados (결혼한)?

a) Sí, tengo un(a) hermano(a) casado(a) / un(a) primo(a) casado(a)

b) No, no tengo hermanos ni primos casados.

5. ¿Cuántos nietos (손자) tienen tus abuelos paternos y maternos?

a) Mis abuelos paternos (친할아버지, 친할머니) tienen __________ nietos.

b) Mis abuelos maternos (외할아버지, 외할머니) tienen __________ nietos.

6. ¿Tienes muchos primos?

a) Sí, tengo muchos primos, más de diez (10).

b) No, no tengo muchos primos, menos de diez.

c) No, no tengo muchos primos, solamente __________

7. ¿Tienes muchos tíos (삼촌, 이모...)?

a) Sí, tengo muchos tíos, más de quince (15).

b) No, no tengo muchos tíos, menos de quince.

c) No, no tengo muchos tíos, solamente __________

8. ¿Tienes sobrinos (조카)?

a) Sí, tengo un(a) sobrino(a).

b) Sí, tengo dos: un sobrino y una sobrina.

c) No, no tengo sobrinos.

9. ¿Conoces a algunos gemelos (쌍둥이)?

a) Sí, yo soy gemelo(a).

b) Sí, mis hermanos / mis primos / mis amigos son gemelos.

c) No, no conozco a ningunos gemelos.

Elemental

10. ¿Eres casado(a) o soltero(a)?

a) Soy soltero(a).

b) Soy casado(a) / viudo(a) (홀아비, 과부) / divorciado(a) (이혼한 사람).

11. ¿Cuál es tu apellido paterno?

a) Mi apellido paterno es Kim. ¿Y el tuyo?

***Pregunta a TODOS tus compañeros**

1) El apellido paterno de mi compañero(a) ________ es ________ y el mío también.

2) Mi apellido es ________ y nadie tiene el mismo apellido.

Práctica gramatical

Ejercicio 1

Escoger la palabra correcta y completar según el cuadro

padre madre hijo(a) hermano(a) abuelo(a) nieto(a) primo(a)
tío(a) sobrino(a) soltero(a) casado(a) gemelos(as)

1. Paty es la __________ de Silvia.
2. Lidia es la __________ de Beto.
3. Aldo es el __________ de Pablo y Laura.
4. Celia es la __________ de Alex.

5. Raúl es el __________ de Pablo.
6. La sobrina de Celia y Víctor es __________
7. Marcela es la __________ de Raúl.
8. Laura es la __________ de Mariana.
9. Aldo no tiene __________, es __________
10. Marcela y Mariana son __________

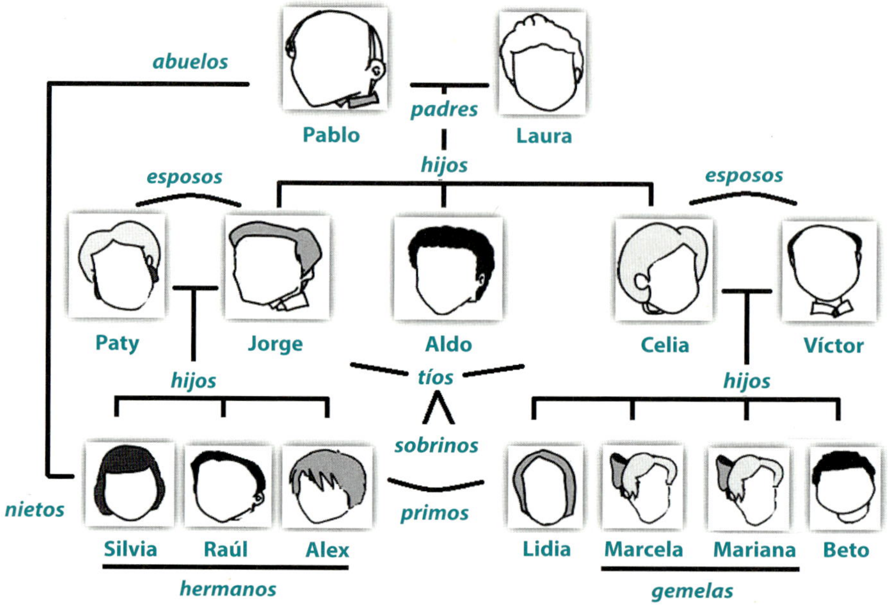

Respuestas

정답					
	10. gemelas	9. esposa / soltero	8. abuela	7. prima	6. Silvia
	5. nieto	4. tía	3. hijo	2. hermana	1. madre

Ejercicio 2

Organizar equipos para jugar a la "Campana dorada" (*Golden Bell*), con más combinaciones de la familia

1. ¿Quién es el padre de Marcela?
2. ¿Quién es la esposa de Víctor?
3. ¿Quiénes son los hermanos de Aldo?
4. ¿Cuántos hermanos tiene Lidia? **Se cuentan hermanos y hermanas*
5. ¿Cuántos hijos tienen Pablo y Laura?
6. ¿Quién es el padre de Raúl?
7. ¿Cuántos primos tiene Alex? **Se cuentan primos y primas*
8. ¿Cuántos sobrinos tiene Víctor?
9. ¿Quiénes son los tíos de Alex?
10. ¿Cuántos nietos tienen Pablo y Laura?

    Etc.

Respuestas

정답					
	10. (7)	9. Aldo, Celia y Víctor	8. (3)	7. (4)	6. Jorge
	5. (3)	4. (3)	3. Jorge y Celia	2. Celia	1. Víctor

Tema
04 Auto, moto o bicicleta

**Pronombres y adjetivos posesivos* (대명사와 소유 형용사)

Mi nombre es Lucía y ***mi*** carrera (전공) es igual que la ***tuya***. Vivo en la casa de ***mi*** tía Ana y siempre desayuno (아침 식사) en ***su*** casa. ***Su*** comida es deliciosa, pero la ***mía*** no. Este paraguas (우산) es ***suyo*** porque el ***mío*** no sé dónde está. ***Nuestra*** familia es pequeña pero muy linda. ***Mi*** madre es ***su*** hermana menor, pero la quiere como hija ***suya***. ***Sus*** fotos de niñas son muy hermosas. Esta es ***mi*** historia, ¿cuál es la ***tuya***?

Adjetivos posesivos: mi(s), tu(s), su(s), nuestro(s), nuestra(s), su(s)
**mis* libros, *tus* amigos, *su* hermano, *nuestra* casa, *sus* zapatos
Pronombres posesivos: mío(s), tuyo(s), suyo(s), suyo(s), nuestro(s) + femeninos
*el libro es *mío*, el coche es *tuyo*, la moto es *suya*, el dinero es *nuestro*

Práctica de conversación

1. ¿Tienes bicicleta (자전거)?

a) Sí, tengo bicicleta, pero no solo es mía. También es de mi hermano(a).

b) No, pero tengo un patinete eléctrico (전동휠, 세그웨이) que sí es mío.

2. ¿Tienes moto (= motocicleta) (오토바이)?

a) Tengo una motocicleta, pero no solo es mía. También es de mi __________

b) No, porque me gusta caminar (걷다). Pero mi amigo me presta (빌려주다) la suya.

3. ¿Quieres tener un coche (자동차) o una camioneta (밴)?

a) Un coche es mejor, porque es económico (경제적인).

b) Una camioneta es mejor, porque es amplia (넓은).

c) Ninguno, es mejor un patinete eléctrico / una bicicleta / una moto.

4. ¿Tienes alguna mascota (반려동물) en tu casa?

a) Sí, tengo un perro / un gato / pájaros (새) / peces (물고기) en mi casa.

b) No, no tengo mascota. Pero mis padres tienen su mascota.

***Pregunta a TODOS tus compañeros**

1) Mi compañero(a) ________ tiene un ________ como mascota y yo también.

2) Mi compañero(a) ________ no tiene mascota ni yo tampoco.

5. ¿Qué animal es más fácil tener (기르기 쉬운) como mascota?

a) Creo que un perro / un gato / un __________, porque su olor (냄새) no es malo y su comida es barata.

b) Ningún (어떤 것도 아니다) animal es fácil como mascota.

6. ¿Cuántos pares de zapatos (신발 한 켤레) tienes?

a) Tengo muchos zapatos, tenis y sandalias.

b) En total, tengo __________ pares de zapatos, tenis y sandalias.

c) No tengo zapatos, solamente tenis y sandalias.

7. ¿Te gustan los ramos de flores (꽃다발) o las macetas (화분)?

a) Me gustan los ramos de flores, porque son más lindos (예쁜).

b) Es mejor una maceta (화분), porque siempre (항상) tiene flores.

c) Me gustan ambos (둘 다), ramos y macetas.

d) No me gustan las flores. Pero mi compañero(a) de habitación sí tiene las suyas.

8. ¿Tienes flores en tu habitación (방)?

a) Sí, tengo flores naturales (생화) en mi habitación.

b) Sí, tengo flores artificiales (조화) en mi habitación.

c) Sí, tengo flores en una pintura (그림), en mi habitación.

d) No, no tengo flores en mi habitación.

9. ¿Tienes computadora de mesa (데스크톱) o portátil (노트북)?

a) Tengo mi / una computadora de mesa.

b) Tengo mi / una computadora portátil.

c) Tengo dos: mi computadora de mesa y mi portátil.

***Pregunta a TODOS tus compañeros**

1) Mi compañero(a) ________ tiene computadora de escritorio y yo también.

2) Mi compañero(a) ________ tiene computadora portátil y yo también.

10. ¿Tienes muchos amigos?

a) Sí, tengo muchos amigos. Mis amigos son muy simpáticos.

b) Solamente tengo un(a) buen(a) amigo(a). Su nombre es __________

Práctica gramatical

Ejercicio 1

Escoger el adjetivo posesivo o el pronombre posesivo correcto

1. ¿Ese libro es (tu / tuyo) __________?
2. No, no es (mi / mío) __________
3. Ana vive con (su / suyo) __________ hermano.
4. Yo también vivo con el (mi / mío) __________
5. (Tu / Tuya) __________ mochila (책가방) es muy bonita.
6. También la (tu / tuya) __________ es muy linda.
7. Olvidaron (sus / suyos) __________ libros.
8. No. Aquí están los (sus / suyos) __________ y estos son los nuestros.
9. Esta es (nuestra / tuya) __________ casa.
10. Bienvenidos, "(mi / mía) __________ casa es (su / suya) __________ casa".

Respuestas

정답				
10. mi / su	9. nuestra	8. suyos	7. sus	6. tuya
5. Tu	4. mío	3. su	2. mío	1. tuyo

Ejercicio 2

Completar con adjetivos posesivos y pronombres posesivos

Adjetivos posesivos: mi(s), tu(s), su(s), nuestro(s), nuestra(s), su(s)
Pronombres posesivos: mío(s), tuyo(s), suyo(s), suyo(s), nuestro(s) + femeninos

A: ¿De quién es esta bicicleta? [¿De quién es...? (...은 누구의 것이냐?)]
B: 1. No es (mi / mía) __________, es de (mi / mío) __________ amigo;
2. la (su / suya) __________ es roja y la (mi / mía) __________ es verde porque es mi color favorito.

Respuestas

정답 1. mía / mi 2. suya / mía

A: ¿De quién es esta mochila?
B: 3. No es (mi / mía) __________, es de (mi / mía) __________ hermana;
4. la (su / suya) __________ es pequeña y la (mi / mía) __________ es grande porque yo tengo muchos libros.

Respuestas

정답 3. mía / mi 4. suya /mía

A: ¿De quién es este libro?

B: 5. No es (mi / mío) __________, es (tu / tuyo) __________;

6. el (tu / tuyo) __________ es nuevo y el (mi / mío) __________ no es nuevo y aquí tiene (mi / mío) __________ nombre.

Respuestas

정답 | 5. mío / tuyo | 6. tuyo / mío / mi

A: ¿De quién es este gato?

B: 7. No es (mi / mío) __________, es de (tu / tuya) __________ amiga;

8. el (su / suyo) __________ es blanco y el (mi / mío) __________ es negro y ahora está en (mi / mía) __________ casa.

Respuestas

정답 | 7. mío / tu | 8. suyo / mío / mi

A: ¿De quién es este perro?

B: 9. No es (mi / mío) __________, es de (tu / tuyo) __________ primo;

10. el (su / suyo) __________ es muy grande y el (mi / mío) __________ es pequeño y ahora está en (mi / mía) __________ casa.

Respuestas

정답 | 9. mío / tu | 10. suyo / mío / mi

Tema 05

¿En qué año...?

Los numerales y los meses del año (숫자와 한 해의 달들)

Tengo **quince** (15) años y nací en México. Mis padres están preparando una fiesta de "Quinceañera" para invitar a **ciento cincuenta** (150) personas. Así es la costumbre. Mis **dos** (2) primas mayores también tuvieron su fiesta, pero con (90) **noventa** invitados cada una porque son gemelas: en total, ¡**ciento ochenta** (180) personas en su fiesta!

*Los números más difíciles en español están en *cursivas**

...	10 diez	100 *cien**	milenio (천 년의)
5 cinco	20 veinte	200 doscientos	1000 mil
11 *once**	30 treinta	300 trescientos	2000 dos mil
12 *doce**	40 cuarenta	400 cuatrocientos	2001 dos mil uno
13 *trece**	50 *cincuenta**	500 *quinientos**	2002 dos mil dos
14 *catorce**	60 sesenta	600 seiscientos	2010 dos mil diez
15 *quince**	70 setenta	700 *setecientos**	2013 dos mil trece
16 dieciséis	80 ochenta	800 ochocientos	2015 dos mil quince
17 diecisiete	90 noventa	900 *novecientos**	2020 dos mil veinte
18 dieciocho	91 noventa y uno	911 novecientos once	2030 dos mil treinta

Práctica de conversación

1. ¿Cuántos años tienes?

a) Tengo __________ años. Nací (태어나다) en el año __________ ¿Y tú?
Ah, entonces, soy (mayor / menor) que tú.

1900 mil novecientos	94 noventa y cuatro	97 noventa y siete
92 noventa y dos	95 noventa y cinco	98 noventa y ocho
93 noventa y tres	96 noventa y seis	99 noventa y nueve
2000 dos mil	2001 dos mil uno	2009 dos mil nueve
2012 dos mil doce	2015 dos mil quince	2020 dos mil veinte

2. Tu mejor amigo(a), ¿es mayor que tú (나이가 더 많다)?

a) Sí, mi mejor amigo(a) es mayor que yo, por 2 años.

b) No, mi mejor amigo(a) es menor que yo, por __________ años.

c) No, nacimos en el mismo año, en __________

3. ¿Cuántos pisos (층) tiene el edificio (빌딩) donde vives?

a) El edificio donde vivo tiene __________ pisos.

1 uno	2 dos	3 tres	4 cuatro	5 cinco
6 seis	7 siete	8 ocho	9 nueve	10 diez
11 once	12 doce	13 trece	14 catorce	15 quince
16 dieciséis	17 diecisiete	18 dieciocho	19 diecinueve	20 veinte

4. ¿En qué año llegó a Corea tu profesor(a) de español?

a) Mi profesor(a) llegó a Corea en el año __________

5. ¿En qué piso vives?

a) Vivo en el piso 14 (catorce).

b) Vivo en el último piso (펜트하우스).

6. ¿Tienes muchos lápices y bolígrafos (연필과 볼펜), cuántos más o menos?

a) Sí, tengo más de __________ lápices y bolígrafos.

b) Sí, tengo un lápiz y una pluma en mi mochila (가방).

c) No, no tengo ningún (아무것도 아니다) lápiz ni bolígrafo.

7. ¿Cuántos libros tienes, más o menos?

a) Tengo muchos libros, más de (보다 더 많은) __________

b) No tengo muchos libros, menos de (보다 더 적은) __________

8. ¿Te gustan las familias grandes o pequeñas?

a) Me gustan las familias grandes, con muchos hermanos.

b) Me gustan las familias pequeñas, con pocos hermanos.

***Pregunta a TODOS tus compañeros**

1) A mi compañero(a) ________ le gustan las familias grandes y a mí también.

2) A mi compañero(a) ________ le gustan las familias pequeñas y a mí también.

9. ¿Cuántos hijos (자녀) quieres tener?

a) Quiero tener dos: un hijo y una hija.

b) Quiero tener más de dos.

c) Quiero tener solamente un hijo / una hija.

d) No quiero tener hijos.

10. ¿Cuántos hijos tiene una familia grande (대가족)?

a) Creo que una familia grande tiene más de __________ hijos.

***Pregunta a TODOS tus compañeros**

1) Mi compañero(a) ________ cree que una familia grande tiene más de ________ hijos, y yo también.

Práctica gramatical

Ejercicio 1

Escribir los números de los *días* y los *años* (con número y con letra)

En equipo de 2 o 3 compañeros,* ***buscar en Internet* *los* ***días*** *y los* ***años***

1. El (1.°) *primero* de marzo del año (19) *mil* ______________________________,
inició (시작하다) la Independencia de Corea (한국의 독립).
*En América se dice "primero de marzo" y en España, "uno de marzo".

2. El ( ) ________ de abril del año ( ) *mil* ______________________________,
iniciaron (시작하다) los Primeros Juegos Olímpicos de la Era Moderna, en la ciudad de Atenas.

3. El ( ) ________________ de agosto del año ( ) *mil* ________________
______, se fundó (설립되다) la Universidad Nacional de Seúl. Y las primeras clases iniciaron en octubre del mismo año.

4. El ( ) ________ de julio del año ( ) *mil* ______________________________,
fue la Primera Copa Mundial de Fútbol, en Uruguay.

5. El ( ) ________ de diciembre del año ( ) *mil* ________________________,
nació Yun Dong-Ju (윤동주), uno de los poetas más importantes de Corea.

6. El viernes ( ) ________________ de abril del año ( ) *mil* ____________
______, fue el histórico primer encuentro (역사적인 만남) de los Presidentes de Corea del Norte y de Corea del Sur.

Respuestas

정답

1. (1.°) primero / (1919) mil novecientos diecinueve
2. (6) seis / (1896) mil ochocientos noventa y seis
3. (22) veintidós / (1946) mil novecientos cuarenta y seis
4. (13) trece / (1930) mil novecientos treinta
5. (30) treinta / (1917) mil novecientos diecisiete
6. (27) veintisiete / (2018) dos mil dieciocho

Elemental

Ejercicio 2

Escoger un ***número*** para completar las frases

**Después, decir todos juntos las respuestas*

1. En este salón hay __________ sillas.
2. Yo tengo __________ libro(s) de español.
3. Somos __________ compañeros en este grupo.
4. Yo aprendí a hablar a los __________ años.
5. El / La mayor en mi familia es mi __________ y tiene __________ años.
6. Estamos en el edificio (동) número __________
7. Nuestro salón es el número __________
8. La familia más grande que conozco tiene __________ hijos.
   (제가 알고 있는 가장 대가족은 __________ 명의 자녀가 있습니다.)
9. Hoy es __________ de __________ de dos __________
10. Yo nací (태어나다) el __________ de __________ de __________

enero (1월)	febrero (2월)	marzo (3월)	abril (4월)
mayo (5월)	junio (6월)	julio (7월)	agosto (8월)
septiembre (9월)	octubre (10월)	noviembre (11월)	diciembre (12월)

MESES DEL AÑO (한 해의 달들)

Tema

06 ¿Dónde vives?

**Ubicación (위치) y descripción de lugares*

Mi casa está ***lejos*** de mi ***oficina***. Cada mañana, voy en metro y en autobús ***durante*** 2 horas. No quiero vivir ***cerca*** de mi trabajo porque ***enfrente*** de mi casa hay un hermoso ***parque***. Mi ***apartamento*** es pequeño, solo hay una cama. ***Al lado*** de la cama hay una mesa con mi computadora, dos sillas y un estante con libros. Por la ventana se ve el parque y ***detrás*** está el ***dormitorio*** de mi universidad. ***Allí*** viví cuando era estudiante. ¡Qué ***cerca***!

Práctica de conversación

1. ¿Dónde vives?

a) Vivo en ____________________

Naksongde   Silim   Noctu   en el dormitorio   en la estación del metro

***Pregunta a TODOS tus compañeros**

1) Mi compañero(a) ________ vive en ________ y yo también.

2) Vivo en ________ y ninguno de mis compañeros vive ahí.

2. ¿Te gusta donde vives (사는 곳)?

a) Sí me gusta, el lugar es tranquilo (편안한) y bonito.

b) No me gusta porque es muy ruidoso (시끄러운).

3. ¿Vives cerca (가까운) o lejos (먼) de la universidad?

a) Vivo cerca de la universidad, a 10 minutos.

b) Vivo lejos de la universidad, a una hora y media.

c) Vivo más o menos cerca / lejos de la universidad, a 30 minutos.

4. ¿Es mejor (더 좋다) vivir con tu familia o solo(a)?

a) Es mejor vivir con mi familia, porque mi familia vive en Seúl.

b) Es mejor vivir solo(a), porque mi familia vive muy lejos de la universidad.

5. ¿Cómo vienes (오다) a la universidad?

a) Vengo solamente en metro / en autobús.

b) Vengo en metro y en autobús.

c) Vengo caminando (걸어서) / vengo a pie (걸어서).

6. ¿Te gusta tomar fotos (사진을 찍다) en el camino a la universidad?

a) No, prefiero llegar rápido (빨리).

b) Sí, me gusta tomar fotos de flores, de edificios, etc.

c) Depende (때에 따라서), si tengo prisa (급하다), no tomo fotos.

7. Cuando vienes a la universidad, ¿qué te gusta hacer: leer, oír música o ver cosas en tu celular / en tu móvil?

a) Me gusta leer.

b) Me gusta escuchar música.

c) Me gusta ver (las) noticias (뉴스) en mi celular / en mi móvil.

d) Me gusta solamente ver el paisaje (자연 풍경).

8. ¿A qué hora regresas (돌아오다) a casa?

a) Regreso a casa más o menos a las 6 de la tarde.

b) Regreso temprano (일찍), antes de las __________

c) Regreso tarde (늦게), después de las __________

***Pregunta a TODOS tus compañeros**

1) Mi compañero(a) ________ regresa temprano y yo también.

2) Mi compañero(a) ________ regresa muy tarde y yo también.

9. ¿Qué hay en tu habitación (방)?

a) En mi habitación hay una cama (침대) y un escritorio.

b) En mi habitación hay un estante de libros (책장) y un espejo (거울).

10. ¿Qué no hay en tu habitación?

a) En mi habitación no hay cama ni televisión.

b) En mi habitación no hay __________ ni __________

***Encontrar a un(a) compañero(a) con igual respuesta**

1) En la habitación de mi compañero(a) ____________ no hay ____________, y yo tampoco tengo.

Práctica gramatical

Ejercicio 1

Escoger para completar los espacios

Yo estudio en la Universidad Nacional de Seúl. Mi universidad está 1. (cerca / lejos) __________ de la montaña Namsan. Tiene una biblioteca 2. (pequeña / grande) __________ que está 3. (detrás / entre) __________ de la oficina del Presidente de la universidad (서울대학교 총장). 4. (Fuera / Dentro) __________ de la Facultad de Humanidades hay muchas 5. (casas / aulas) __________ y una cafetería 6. (cerca / lejos) __________ del banco (은행). La universidad tiene un centro estudiantil (학생회관) muy 7. (chico / grande) __________, donde hay muchas 8. (salas / camas) __________ para los estudiantes, una farmacia (약국) 9. (pequeña / grande) __________ y 10. (un / una) __________ librería.

Respuestas

정답					
	10. una	9. pequeña	8. salas	7. grande	6. cerca
	5. aulas	4. Dentro	3. detrás	2. grande	1. lejos

Ejercicio 2

En equipos, hacer un mapa (지도)

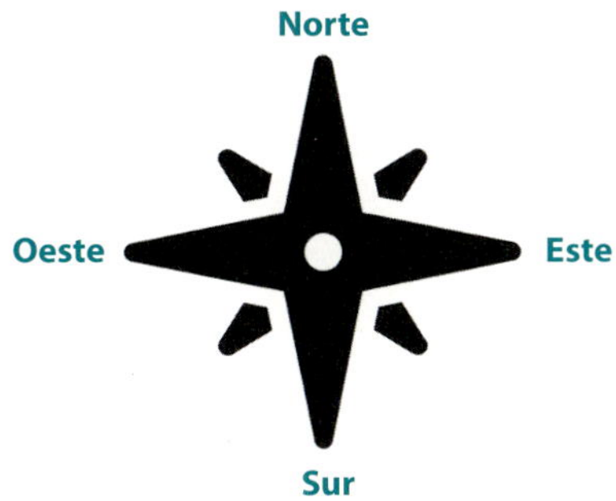

1. ¿Dónde está el edificio 3?
2. ¿Dónde está el edificio 5?
3. ¿Dónde está el edificio 8?
4. ¿Dónde está el ascensor / elevador?
5. ¿Dónde está el lago (호수) Jahayeon?
6. ¿Dónde está el restaurante?
7. ¿Dónde está la cafetería?
8. ¿Dónde está el banco?

Tema

07 ¿Dónde estudias?

**Vocabulario* (어휘) *del hogar* (가정) *y útiles escolares* (학용품)

La ***casa*** y la ***escuela*** son los dos espacios donde pasamos más horas de nuestra vida, desde que somos niños y hasta que terminamos los estudios de la ***universidad***. Por eso, el vocabulario de estos dos lugares es básico para hablar bien español. Debemos distinguir (구별하다) entre un ***lavabo*** (세면대) y un ***fregadero*** (싱크대); entre una ***mesa*** (식탁) y un ***escritorio*** (책상); entre la ***almohada*** (베개) y la ***cama*** (침대); entre la ***cómoda*** (서랍장) o el ***armario*** (옷장) para guardar la ropa, y el ***estante*** (책장) para poner los libros.

Práctica de conversación

1. ¿Qué hay sobre el escritorio de tu casa?

a) Sobre mi escritorio hay libros, papeles (종이) y lápices.

b) Sobre mi escritorio está mi computadora y mi lámpara (램프).

c) Sobre mi escritorio hay un / una __________ y un / una __________

2. ¿Dónde está tu mochila (가방)?

a) Mi mochila está en la silla.

b) Mi mochila está en la mesa.

c) Mi mochila está en mi casa.

3. ¿Qué hay en tu mochila?

a) En mi mochila hay libros (책), cuadernos (공책) y un paraguas (우산).

b) En mi mochila está mi computadora y mi celular / mi móvil.

c) En mi mochila hay __________ y está mi __________

4. ¿Dónde guardas (보관하다) tu ropa (옷)?

a) Guardo mi ropa en el armario.

b) Guardo mi ropa en la cómoda.

c) Guardo mi ropa en una caja ([옷 넣는] 상자).

*"ropa", "dinero" y "basura" se usan en singular: ~~ropas, dineros, basuras~~

5. ¿Tienes algún lugar especial para estudiar en tu casa?

a) Sí, tengo mi propio cuarto / mi propia habitación.

b) Sí, estudio en la sala (서재) de mi casa.

c) Estudio en cualquier lugar tranquilo (어디든 조용한 곳).

6. ¿Dónde guardas tus libros?

a) Guardo mis libros en el estante.

b) Guardo mis libros en el escritorio / en la mochila / en ___________

7. ¿Con qué limpias (무엇으로 청소하나요) tu cuarto?

a) Limpio mi cuarto con aspiradora (청소기).

b) Limpio mi cuarto con un trapo (걸레).

c) La señora del servicio (청소부) lo limpia.

d) Mi mamá limpia mi cuarto.

8. ¿Cuál es tu color favorito?

a) Mi color favorito es el ___________

azul (파란색)	verde (녹색)	rojo (빨간색)	amarillo (노란색)
café (갈색)	blanco (흰색)	negro (검정색)	violeta (보라색)

***Encontrar a un(a) compañero(a) con igual respuesta**

1) El color favorito de mi compañero(a) ________ es el ________ y el mío también.

9. ¿De qué color es tu paraguas?

a) Mi paraguas es rojo / negro / azul / blanco.

b) Mi paraguas es azul con flores (꽃무늬) / es negro con dibujos (그림).

c) Mi paraguas es transparente (투명한).

10. ¿Dónde te gusta estudiar, en tu casa o en la universidad?

a) Me gusta más estudiar en la universidad.

b) Me gusta más estudiar en mi casa.

***Encontrar a un(a) compañero(a) con igual respuesta**

1) Mi compañero(a) ________ estudia en ________________ y yo también.

Práctica gramatical

Ejercicio 1

Escoger la palabra correcta para completar

comedor   cocina   habitación   sala   baño   patio (베란다)

1. Mi madre prepara la comida en la __________
2. Yo duermo en mi __________
3. Las flores están en el __________
4. Nosotros vemos televisión en la __________
5. Me lavo las manos en el __________
6. Por la tarde, comemos juntos en el __________

Respuestas

정답 | 6. comedor | 5. baño | 4. sala | 3. patio | 2. habitación | 1. cocina

escritorio | diccionario | lápiz / bolígrafo | mochila | libros | cuaderno

7. Trabajo en mi __________ con mi computadora.
8. En mi estante hay muchos __________
9. Escribo siempre con un __________ de color azul.
10. Mis cuadernos, mis libros y mis lápices están en la __________
11. Para traducir una palabra al español, busco en mi __________
12. En clase, tomo notas en mi __________

Respuestas

정답 | 12. cuaderno | 11. diccionario | 10. mochila | 9. bolígrafo | 8. libros | 7. escritorio

Ejercicio 2

Poner nombre a todas las cosas del salón, del pasillo y sus colores, con papelitos (스티커)

A: ¿Qué es esto? (이것은 무엇이죠?)

A: ¿De qué color es esto? (이것은 무슨 색깔이죠?)

lápiz	escritorio	silla	pizarra
móvil	blanco	negro	puerta

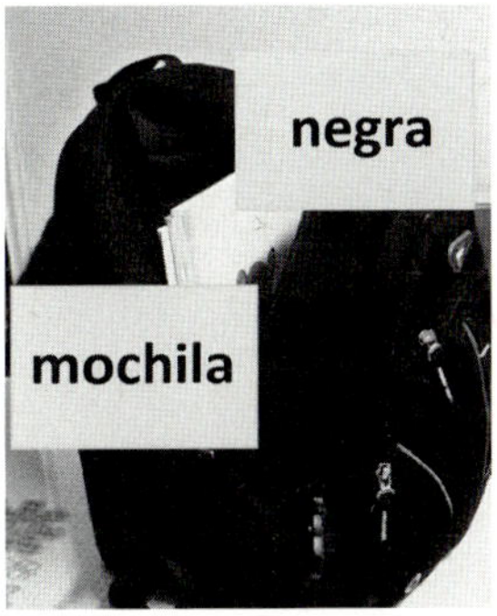

Etc.

Tema

08 Amigos extranjeros

**Gentilicios* (지명 형용사)

Con el Internet, todos los países están cerca. Ahora, podemos ver las noticias del mundo, conocer sus culturas y tener amigos extranjeros muy fácilmente. Hablar varios idiomas (언어) es muy importante para la vida.

Especialmente, el español, una lengua hablada por ***argentinos***, ***bolivianos***, ***chilenos***, ***colombianos***, ***costarricenses***, ***cubanos***, ***dominicanos***, ***ecuatorianos***, ***españoles***, ***guatemaltecos***, ***hondureños***, ***mexicanos***, ***nicaragüenses***, ***panameños***, ***paraguayos***, ***peruanos***, ***puertorriqueños***, ***salvadoreños***, ***uruguayos***, ***venezolanos*** y por muchos ***coreanos***.

Práctica de conversación

1. ¿Cuántos idiomas sabes hablar?

a) Hablo 3 idiomas: coreano, español e inglés.

b) Hablo 4 idiomas: coreano, español, inglés y ________

c) Hablo 5 idiomas: coreano, español, inglés, ________ y un poco de ________

2. ¿Tienes amigos extranjeros en Corea?

a) Sí, tengo muchos amigos extranjeros.

b) Sí, tengo amigos extranjeros, pero no están en Corea.

c) Casi no tengo amigos extranjeros, solamente un(a) amigo(a).

***Pregunta a TODOS tus compañeros**

1) Mi compañero(a) ________ tiene amigos extranjeros y yo también.

2) Mi compañero(a) ________ no tiene amigos extranjeros ni yo tampoco.

3. ¿Tienes amigos de Latinoamérica?

a) Sí, tengo un(a) amigo(a) mexicano(a).

b) Sí, tengo amigos cubanos / peruanos / brasileños / __________

c) No, no tengo amigos latinoamericanos.

4. ¿Tienes amigos de Asia?

a) Sí, tengo un(a) amigo(a) japonés(a).

b) Sí, tengo amigos rusos / chinos / tailandeses / __________

c) No, no tengo amigos asiáticos.

5. ¿Tienes amigos de África?

a) Sí, tengo un(a) amigo(a) egipcio(a) / sudafricano(a) / marroquí.

b) No, no tengo amigos africanos.

6. ¿Tienes amigos de Europa?

a) Sí, tengo un(a) amigo(a) español(a) / francés(a) / croata.

b) No, no tengo amigos europeos.

7. ¿Tienes amigos de Estados Unidos o Canadá?

a) Sí, tengo un(a) amigo(a) de Estados Unidos / de Canadá.

b) No, no tengo amigos estadounidenses ni canadienses.

8. ¿Qué otro idioma quieres estudiar?

a) Quiero estudiar __________ para ir a __________

b) Ahora, solamente quiero estudiar más español.

hindi portugués chino japonés ruso
francés italiano alemán árabe

9. ¿Es importante hablar en inglés?

a) Hoy en día (오늘날), sí creo que es importante hablar (en) inglés.

b) Creo que es importante hablar más de 2 idiomas.

c) Creo que no es tan importante hablar inglés.

***Pregunta a TODOS tus compañeros**

1) Mi compañero(a) ________ cree que es importante hablar inglés y yo también.

2) Mi compañero(a) ________ cree que no es importante hablar inglés y yo también.

10. ¿Por qué estudias español?

a) Porque es mi carrera (전공).

b) Porque quiero ir a América Latina / a España / a __________

11. ¿Es más importante el chino o el inglés?

a) Creo que es más importante el chino, porque __________

b) Creo que es más importante el inglés, porque __________

c) Creo que todos los idiomas son importantes.

Práctica gramatical

Ejercicio 1

Completar con los gentilicios y los idiomas correctos

Respuestas

정답

GENTILICIOS

11. estadounidense	10. español(a)	9. canadiense	8. cubano(a)
7. mexicano(a)	6. croata	5. marroquí	4. brasileño(a)
3. tailandés(a)	2. peruano(a)	1. egipcio(a)	

GENTILICIOS

1. Egipto __________
2. Perú __________
3. Tailandia __________
4. Brasil __________
5. Marruecos __________
6. Croacia __________
7. México __________
8. Cuba __________
9. Canadá __________
10. España __________
11. Estados Unidos __________

IDIOMAS

1. Colombia __________
2. Arabia __________
3. Portugal __________
4. India __________
5. Francia __________
6. China __________
7. Italia __________
8. Rusia __________
9. Alemania __________
10. Japón __________
11. Inglaterra __________

Respuestas

정답

IDIOMAS

11. inglés 10. japonés 9. alemán 8. ruso 7. italiano 6. chino
5. francés 4. hindi 3. portugués 2. árabe 1. español

Resumen

	PAÍS	GENTILICIO	IDIOMA
1.	Brasil	brasileño(a)	portugués
2.	Canadá	canadiense	inglés y francés
3.	Colombia	colombiano(a)	español
4.	Cuba	cubano(a)	español
5.	España	español(a)	español
6.	Estados Unidos	estadounidense	inglés
7.	Italia	italiano(a)	italiano
8.	Marruecos	marroquí	árabe
9.	México	mexicano(a)	español
10.	Perú	peruano(a)	español
11.	Tailandia	tailandés(a)	tailandés

Ejercicio 2

Organizar equipos para jugar a la "Campana dorada" (*Golden Bell*), con los gentilicios y los idiomas

	PAÍS	GENTILICIO	IDIOMA
1.	Alemania	alemán(a)	alemán
2.	Argentina	argentino(a)	español
3.	Chile	chileno(a)	español
4.	Corea	coreano(a)	coreano
5.	Costa Rica	costarricense	español
6.	Ecuador	ecuatoriano(a)	español
7.	Grecia	griego(a)	griego
8.	Guatemala	guatemalteco(a)	español
9.	Mongolia	mongol(a)	mongol
10.	Paraguay	paraguayo(a)	español y guaraní
11.	Puerto Rico	puertorriqueño(a)	español e inglés

1. ¿Cómo se llaman las que viven en Chile?
2. ¿Cómo se llaman los que viven en Japón?
3. ¿Qué idioma hablan los chilenos?
4. ¿Cómo se llaman los que viven en Paraguay?
5. ¿Cómo se llaman las que viven en Alemania?
6. ¿Cómo se llama el que vive en Croacia?

Etc.

Respuestas

정답

1. chilenas 2. japoneses 3. español
4. paraguayos 5. alemanas 6. croata

Tema

09 En mi tiempo libre

**Gustar + infinitivo* (...하는 것을 좋아하다)

El ***tiempo libre*** es el tiempo que usamos para ***descansar*** y para ***divertirnos***. En el tiempo libre hacemos "***pasatiempos***" (취미) = "pasar el tiempo" sin trabajar ni estudiar. Con los pasatiempos descansamos y nos divertimos. Por esa razón, no son pasatiempos estudiar ni trabajar. ¿Tienes mucho o poco tiempo libre? ***¿Qué te gusta hacer en tu tiempo libre?*** Vamos a hablar de nuestros pasatiempos.

Las frases con gustar + INFINITIVO siempre llevan los pronombres ***me, te, le, nos, les***: ****me*** *gusta* jug**ar**, ***te*** *gusta* dorm**ir**, ***le*** *gusta* pase**ar**, ***nos*** *gusta* corr**er**, ***les*** *gusta* cant**ar**

Práctica de conversación

1. ¿Cuál es el pasatiempo (취미) favorito de los jóvenes (젊은이) coreanos?

a) El pasatiempo favorito de los jóvenes coreanos es ___________

ir al cine   tomar fotos   ir al café   dormir
leer   ir a cantar (노래하러 가다)

***Pregunta a TODOS tus compañeros**

1) Mi compañero(a) _________ piensa que el pasatiempo favorito de los jóvenes coreanos es _________ y yo también.
2) Solamente yo pienso que el pasatiempo favorito de los jóvenes es ______

2. ¿Cuáles son los pasatiempos más caros (비싼)?

a) Creo que el pasatiempo más caro es el golf.

b) Creo que el pasatiempo más caro es __________

3. ¿Cuál es el pasatiempo más aburrido (지루한)?

a) Creo que el pasatiempo más aburrido es subir a la montaña (등산하다).

b) Creo que el pasatiempo más aburrido es pescar (낚시).

c) Creo que el pasatiempo más aburrido es __________

4. ¿Cuál es el pasatiempo más peligroso (위험한)?

a) Creo que el más peligroso es __________

5. ¿Te gustan los pasatiempos en grupo (그룹으로) o solo(a)?

a) Me gustan más los pasatiempos en grupo / solo(a) / con __________

b) Me gustan ambos (둘 다), depende de mi ánimo (내 기분에 따라서).

6. ¿Sabes tocar (연주하다) (la) guitarra?

a) Sí, sé tocar (la) guitarra.

b) No, no sé tocar (la) guitarra. Pero sé tocar (el) piano / (el) violín / (el) ________

c) No, no sé tocar nada. Pero sé cantar / sé bailar / sé __________

7. ¿Te gusta ir al teatro (극장)?

a) Sí, me gusta mucho ir al teatro.

b) Sí, me gusta ir al teatro, pero es muy caro.

c) No, no me gusta ir al teatro, porque es aburrido.

8. ¿Te gusta ir a la discoteca, sabes bailar (춤추다)?

a) Sí, me gusta mucho ir a la discoteca para bailar.

b) No, no me gusta ir a la discoteca, porque no sé bailar.

c) Me gusta ir a la discoteca aunque (...이어도) no sé bailar.

***Pregunta a TODOS tus compañeros**

1) Mi compañero(a) ________ sabe bailar y yo también.
2) Mi compañero(a) ________ no sabe bailar ni yo tampoco.

9. ¿Qué actividad quieres aprender (배우다) como pasatiempo?

a) Quiero aprender a bailar.
b) Quiero aprender a tocar (연주하다) la / el __________
c) Quiero aprender a __________

10. ¿Cuál es tu pasatiempo favorito?

a) Mi pasatiempo favorito es __________

***Pregunta a TODOS tus compañeros**

1) El pasatiempo favorito de mi compañero(a) ________ es ________ y el mío también.
2) Mi pasatiempo favorito es ________ y de nadie más.

11. ¿Qué pasatiempo no te gusta?

a) No me gusta __________

ir al cine　tomar fotos　ir al café　dormir　leer　ir a cantar

Práctica gramatical

Ejercicio 1

Completar las frases con los verbos: gustar + INFINITIVO (~ar, er, ir)

1. A Francisco (me / te / le GUSTAR-IR) ______________________ a la playa.
2. A ti (me / te / le GUSTAR-TOCAR) ______________________ el piano.

3. A mis amigos y a mí (nos / les-GUSTAR-VER) ______________________ deportes en la TV.
4. A mí (me / te / le-GUSTAR-DESCANSAR) ____________________ en casa.
5. A mis compañeros (les / nos-GUSTAR-PREPARAR) ____________________ sus viajes.
6. A Laura (me / te / le-GUSTAR-VIVIR) ____________________ en Corea.
7. A Juan y a Alicia (nos / les-GUSTAR-CANTAR) __________________________ canciones de moda.
8. A tu amigo (me / te / le-GUSTAR-LEER) ____________________ novelas rusas.
9. A sus padres (les / nos-GUSTAR-DAR) ____________________ un paseo por la tarde.
10. A ti y a mí (me / te / le / nos / les-GUSTAR-JUGAR...) _______________________

Respuestas

정답

1. le gusta ir	2. te gusta tocar	3. nos gusta ver	4. me gusta descansar
5. les gusta preparar	6. le gusta vivir	7. les gusta cantar	8. le gusta leer
9. les gusta dar	10. nos gusta jugar...		

Ejercicio 2

Presentar con movimientos y sin hablar (말하지 않고 몸동작으로 보여 주다) **sus pasatiempos favoritos.**

**Todos van a adivinar* (알아내다)

Tema

10 Deportes y deportistas

Elemental

**Léxico* (어휘) *deportivo y verbos de acción* (행동)

Mis amigos son muy ***deportistas***. Juan juega (al) ***fútbol*** (futbol), Pedro está en el equipo de ***béisbol*** y Ana practica ***natación***. A Lorena le gusta el ***atletismo***, a Marcela le gustan los ***aeróbicos*** porque hace ejercicio con música, y Yuna es muy buena en ***patinaje***. A mí me gusta el ***ciclismo***, pero Jorge prefiere el ***golf***. Fernando, como su abuelo, practica ***tiro con arco***. Cuando estamos juntos, jugamos ***bádminton*** o ***voleibol*** porque nos gustan a todos.

Práctica de conversación

1. ¿Te gusta practicar algún deporte?

a) Sí, me gusta practicar / tenis / futbol-fútbol / natación.

b) Sí, a veces practico natación / baloncesto (농구) /__________

c) No, no me gusta practicar deportes.

***Pregunta a TODOS tus compañeros**

1) A mi compañero(a) ________ le gusta practicar ________ y a mí también.

2) A mi compañero(a) ________ no le gusta practicar ningún deporte ni a mí tampoco.

3) Solamente a mí me gusta practicar ________ y a nadie más.

los aeróbicos (에어로빅)	el futbol-fútbol (축구)
el atletismo (육상)	el golf (골프)
el bádminton (배드민턴)	el levantamiento de pesas (역도)
el basquetbol-básquetbol (농구)	la natación (수영)

el béisbol (야구)
el boliche / los bolos (볼링)
el boxeo (권투)
el buceo (스쿠버다이빙)
el ciclismo (사이클)
los clavados (다이빙)
el esquí (스키)
el patinaje (스케이트)
el taekwondo (태권도)
el tenis (테니스)
el tenis de mesa (탁구)
el tiro con arco (양궁)
el voleibol (배구)
el yoga (요가)

2. ¿Qué deporte no conoces?

a) No conozco el / la __________

***Encontrar a un(a) compañero(a) con igual respuesta**

1) Mi compañero(a) ________ no conoce el / la ________ ni yo tampoco.

3. ¿Te gusta ver deportes por televisión?

a) Me gusta ver el béisbol y el tenis por televisión.

b) Me gusta ver el / la __________ por televisión

4. ¿Sabes el nombre de un(a) deportista (스포츠인) famoso(a) (유명한) en Corea?

a) Un deportista famoso en Corea es __________, practica __________

b) Una deportista famosa en Corea es __________, practica __________

5. ¿Quién es tu deportista favorito(a)?

a) Mi deportista favorito(a) es __________, practica __________

b) No tengo deportista favorito, pero mi artista favorito(a) es __________

6. ¿Qué deportes practican tu papá o tu mamá?

a) A mi papá le gusta subir a la montaña / le gusta pescar (낚시)

b) A mi mamá le gusta hacer yoga / hacer pilates / __________

c) A mi papá y a mi mamá les gusta jugar golf.

7. Para ti, ¿cuál es el deporte más divertido (재미있는)?

a) Para mí, el deporte más divertido es el / la / los __________

***Encontrar a un(a) compañero(a) con igual respuesta**

1) Para mi compañero(a) ________, el deporte más divertido es el / la ___________ y para mí también.

8. Para ti, ¿cuál es el deporte más aburrido (지루한)?

a) Para mí, el deporte más aburrido es el / la / los __________

9. Para ti, ¿cuál es el deporte más difícil (어려운)?

a) Para mí, el deporte más difícil es el / la / los __________

***Encontrar a un(a) compañero(a) con igual respuesta**

1) Para mi compañero(a) ________, el deporte más difícil es el / la ________ y para mí también.

10. ¿Quieres aprender algún deporte, en especial?

a) Quiero aprender a jugar (al) tenis.

b) Quiero aprender buceo para ver el fondo del mar (해저).

c) Quiero aprender a __________

11. ¿Tienes tiempo para practicar deportes?

a) Sí, practico deportes 2 o 3 veces por semana.

b) Un poco, solo practico __________ una vez a la semana.

c) No, no tengo tiempo para practicar deportes.

Práctica gramatical

Ejercicio 1

Escribir el nombre del deporte para completar las frases

tiro   patinaje   béisbol   tenis   aeróbicos
taekwondo   natación   golf   fútbol / futbol   tenis de mesa

1. Yo practico __________ en la piscina (수영장) de la universidad.
2. Yuna Kim fue campeona (챔피언) de __________ en las Olimpiadas.
3. Mis amigos jugaron (al) __________ y ganaron 2 goles (골) a 0 (cero).
4. Mi hermano practica __________ con arco (활), con nuestro abuelo.
5. Mi hermana juega (al) __________ con los palos (골프채) de mi papá.
6. Juan fue al Kukkiwon para su examen de 4.° dan de __________
7. La raqueta (라켓) de __________ es grande.
8. Y la raqueta de ____________________ es pequeña.
9. Me gusta el __________, especialmente el equipo de los Giants de Busan.
10. Lulú practica __________, porque hay buena música con el ejercicio.

Respuestas

정답

10. aeróbicos	9. béisbol	8. tenis de mesa	7. tenis	6. taekwondo
5. golf	4. tiro	3. fútbol / futbol	2. patinaje	1. natación

Ejercicio 2

Organizar equipos para jugar a la "Campana dorada" (*Golden Bell*), con los deportes y los deportistas.

**Ver el cuadro de los deportes*

1. ¿Qué deporte juegan los Giants de Busan?
2. ¿Qué deporte se practica en el Kukkiwon?

3. ¿Qué deporte le gusta a Son Heung Min?
4. ¿Qué deportes tienen raqueta?
5. ¿Qué deporte se practica en la piscina?
6. ¿Qué deporte practicaba Kim Yuna?
7. ¿Qué deporte se practica con bicicleta?

Etc.

Respuestas

정답

1. béisbol	2. taekwondo	3. fútbol-futbol	4. tenis / tenis de mesa / bádminton
5. natación	6. patinaje	7. ciclismo	Etc.

Tema

11 Vamos a cenar

**Tiempo futuro con el verbo IR* (...할 것이다)

En español, hay una forma muy sencilla para hablar en futuro: **IR a + INFINITIVO**.

Los verbos en INFINITIVO terminan en (~ar, er, ir). Entonces, solo necesitamos el verbo IR: **voy, vas, va, vamos, van**.

En esta lección, ***vamos a** practic**ar*** esta forma de futuro y ***vamos a*** aprender muchos ejemplos. Después, todos ***van a** hac**er*** un ejercicio de práctica gramatical. Finalmente, ***vamos a** termin**ar*** la clase, ***vamos a** sal**ir*** del salón y ***vamos a** descans**ar*** unos minutos.

Práctica de conversación

1. ¿Qué vas a hacer hoy por la noche?

a) Por la noche, voy a cenar con mis amigos.

b) Por la noche, voy a ir al cine.

c) Por la noche, voy a regresar a mi casa para descansar.

***Pregunta a TODOS tus compañeros**

1) Por la noche, mi compañero(a) ________, va a ________ y yo también.

2) Por la noche, solamente yo voy a ________, y nadie más.

2. ¿Qué vas a hacer durante las vacaciones (방학)?

a) En las vacaciones, voy a descansar / voy a visitar (방문하다) a mi familia.

b) En las vacaciones, voy a limpiar mi habitación.

c) En las vacaciones, voy a __________

3. ¿Qué vas a regalarle (선물하다) a tu mejor amigo, en su cumpleaños?

a) Le voy a regalar un / una / unos / unas __________

b) Le voy a enviar una tarjeta nada más, porque __________

4. ¿Qué vas a cenar hoy?

a) Hoy voy a cenar cereal (시리얼) con fruta / un caldo (국, 찌개) / __________

b) Hoy voy a cenar carne, con mis amigos.

c) Hoy voy a cenar __________

***Pregunta a TODOS tus compañeros**

1) Mi compañero(a) ________ va a cenar ________ y yo también.

2) Hoy, voy a cenar ________ y nadie más.

5. ¿Qué vas a hacer el sábado?

a) Este sábado voy a lavar mi ropa (세탁하다) y (voy) a limpiar mi habitación.

b) Este sábado voy a dormir hasta tarde (늦게까지).

c) Este sábado voy a __________

6. ¿Qué vas a hacer el domingo?

a) El domingo voy a ir al cine, a visitar a mi abuelo y a comer pizza.

b) El domingo voy a ir de compras y a hacer ejercicio.

c) El domingo voy a ir a la iglesia y, después, a descansar.

d) El domingo voy a __________

7. ¿Qué vas a hacer en tu cumpleaños?

a) En mi cumpleaños, voy a dar una fiesta (파티).

b) En mi cumpleaños, voy a comer con mi familia.

c) En mi cumpleaños, no voy a hacer nada (아무것도 안 할 것이다).

8. ¿Con quién vas a hablar por teléfono antes de dormir?

a) No voy a hablar con nadie.

b) Antes de dormir, voy a hablar con mi __________

papá   mamá   hermano(a)   amigo(a)   novio(a)

9. ¿Qué vas a hacer cuando termines la universidad?

a) Voy a buscar trabajo (일을 찾다).

b) Voy a ir al extranjero para divertirme (즐기다).

c) Voy a __________

***Pregunta a TODOS tus compañeros**

1) Cuando termine la universidad, mi compañero(a) _________, va a _________ y yo también.

2) Cuando termine la universidad, solamente yo voy a _________

10. ¿Adónde quieres viajar, próximamente?

a) En mi próximo viaje, quiero viajar por Europa / por __________

b) En mi próximo viaje, voy a ir a Cancún / a __________

Práctica gramatical

Ejercicio 1

Completar las frases con el futuro (IR a + INFINITIVO)

1. Yo (LIMPIAR) ____________________ mi habitación.
2. Tú (PASEAR) ____________________ con tus padres.
3. Luis (ESTUDIAR) ____________________ en la universidad.
4. Ana (HACER) ____________________ Internet esta noche.
5. Pedro y yo (VER) ____________________ la nueva película mañana.

6. Ustedes (PREPARAR) ______________________ la cena.
7. Tú (INVITAR) ______________________ a nuestros amigos a la fiesta.
8. Todos (BEBER) ______________________ cerveza en la fiesta.
9. Sofía y Blanca (COMPRAR) ______________________ la carne para la fiesta.
10. Y José y Elisa (BAILAR) ______________________ un tango en la fiesta.

Respuestas

정답

1. voy a limpiar 2. vas a pasear 3. va a estudiar 4. va a hacer
5. vamos a ver 6. van a preparar 7. vas a invitar 8. van / vamos a beber
9. van a comprar 10. van a bailar

Ejercicio 2

En equipos de 2 o 3 compañeros, hacer el plan para el fin de semana (상상하다), **con el futuro** (IR a + INFINITIVO)

**Leer enfrente de sus compañeros (todos deben leer)*

COMPAÑERO(A)

__________: Vamos a presentar nuestro plan del fin de semana.
__________: El sábado por la mañana, vamos a...
__________: El sábado por la tarde, vamos a...
__________: El sábado por la noche, vamos a...
__________: El domingo por la mañana, vamos a...
__________: El domingo por la tarde, vamos a...
__________: El domingo por la noche, vamos a...
__________: Finalmente, vamos a...
__________: ¡Todos están invitados! (모두 다 초청되었어요)

Tema

12 Prefiero comer aquí

**Verbos para gustos y preferencias* (선호)

Al terminar mi trabajo, voy a casa porque ***prefiero preparar*** ahí nuestra cena. A mi hermana y a mí ***nos gusta*** la comida internacional y cada noche ***nos gusta preparar*** algo diferente. Ella ***prefiere*** la comida italiana, pero yo ***prefiero*** las quesadillas y los tacos. Sin embargo, a las dos ***nos gusta*** la sangría. Hoy vamos a invitar a Raúl porque ***le gusta ver*** películas en la televisión de nuestra casa. Raúl ***prefiere*** ver películas de terror, pero esta noche vamos a ver una película histórica que a todos ***nos gusta***.

Práctica de conversación

1. ¿Qué prefieres hacer cuando estás con tus amigos?

a) Cuando estoy con mis amigos, prefiero conversar.

b) Cuando estoy con mis amigos, prefiero comer.

c) Cuando estoy con mis amigos, prefiero jugar.

2. ¿Qué estación del año prefieres?

a) Prefiero la primavera, porque hay muchas flores.

b) Prefiero el verano, porque hay vacaciones.

c) Prefiero el otoño, porque tomo buenas fotos de los árboles.

d) Prefiero el invierno, porque me gusta el frío y la nieve (눈).

3. ¿Qué programas prefieres ver en la televisión?

a) Prefiero ver ___________

documentales   deportes   entrevistas (인터뷰)   comedias
películas   telenovelas (TV 드라마)   concursos (오디션)

***Pregunta a TODOS tus compañeros**

1) Mi compañero(a) ________ prefiere ver ________ y yo también.

2) Yo prefiero ver ________ en la televisión y nadie más.

4. ¿Prefieres comer en casa o comer fuera?

a) Prefiero comer en casa, porque es más cómodo (편안한).

b) Prefiero comer fuera, porque es más delicioso (맛있는).

c) Me gusta comer en casa y también fuera.

5. ¿En el campus, qué prefieres comer?

a) Prefiero comer un *ramen* (라면) en la tienda.

b) Prefiero comer un sándwich en la cafetería.

c) Prefiero el menú del día (오늘의 메뉴) en algún restaurante del campus.

6. ¿Prefieres viajar solo(a) o con tus amigos?

a) Prefiero viajar con mis amigos, porque es más divertido (재미있는).

b) Prefiero viajar solamente con un(a) amigo(a), porque es más fácil ponernos de acuerdo (의견을 모으다).

c) Prefiero viajar solo(a), porque soy muy independiente (독립적인).

7. ¿Qué comida extranjera prefieres?

a) Prefiero la comida ___________

italiana tailandesa mexicana española vietnamita árabe

***Pregunta a TODOS tus compañeros**

1) Mi compañero(a) ________ prefiere la comida ________ y yo también.

2) Prefiero la comida ________ y nadie más.

8. ¿Cuál es tu plato extranjero favorito?

a) Mi plato extranjero favorito es / son ___________

los tacos las tapas el espagueti la paella la milanesa (돈가스)

9. Después de comer ¿qué prefieres, caminar o descansar?

a) Después de comer, prefiero caminar / prefiero descansar.

b) Después de comer, prefiero ___________

10. ¿Qué prefieres beber con tus amigos?

a) Para beber con mis amigos, prefiero el / la ___________

el soyu (soju) la cerveza el *makoli* el vino tinto el tequila

b) No bebo, por eso, cuando (ellos) beben prefiero tomar un / una ___________

un jugo de manzana una limonada (레모네이드) una naranjada un refresco

Práctica gramatical

Ejercicio 1

Escribir el verbo adecuado

1. A mí no me (gusta / prefiero) ___________ ver películas en la televisión.
2. Yo (gusta / prefiero) ___________ ir al cine con mis amigos.
3. Mi amiga (gusta / prefiere) ___________ las películas románticas.
4. Pero Juan (gusta / prefiere) ___________ las películas de acción.
5. ¿A ti te (gusta / prefieres) ___________ el verano?
6. No, yo (gusta / prefiero) ___________ el invierno.

7. A mis abuelos les (gusta / prefieren) __________ viajar en tren (기차).

8. Pero mis padres (gusta / prefieren) __________ viajar en avión.

9. A mí me (gusta / prefiero) __________ el *makoli*. ¿Y a ti?

10. Yo (gusta / prefiero) __________ el tequila.

Respuestas

정답				
1. gusta	2. prefiero	3. prefiere	4. prefiere	5. gusta
6. prefiero	7. gusta	8. prefieren	9. gusta	10. prefiero

Ejercicio 2

Preguntar a tus compañeros y escribir sus nombres

A: ¿Te gusta... o prefieres...?

B1: (yo) Prefiero...

B2: (yo) No prefiero ninguna opción (선택).

1. ¿Te gusta limpiar tu casa o prefieres hacer Internet?
   Mi compañero(a) ____________________ prefiere ____________________

2. ¿Te gusta el helado (아이스크림) de vainilla o prefieres el helado de chocolate?
   Mi compañero(a) ____________________ prefiere ____________________

3. ¿Te gusta ver telenovelas o prefieres ver películas?
   Mi compañero(a) ____________________ prefiere ____________________

4. ¿Te gusta cenar en restaurantes o prefieres cenar en casa?
   Mi compañero(a) ____________________ prefiere ____________________

5. ¿Te gusta bailar o prefieres solamente escuchar música?
   Mi compañero(a) ____________________ prefiere ____________________

6. ¿Te gusta cocinar o prefieres solamente sacar fotos a la comida?
   Mi compañero(a) ____________________ prefiere ____________________

7. ¿Te gusta ir al cine o prefieres ir a leer a la biblioteca?
   Mi compañero(a) ____________________ prefiere ____________________

8. ¿Te gusta hacer exámenes o prefieres subir a la montaña (등산하다)?
   Mi compañero(a) ____________________ prefiere ____________________

9. ¿Te gusta estudiar los domingos o prefieres ir a pescar (낚시하다)?
   Mi compañero(a) ____________________ prefiere ____________________

10. ¿Te gusta charlar con tus amigos o prefieres descansar en casa?
    Mi compañero(a) ____________________ prefiere ____________________

Tema

13 La ropa según el clima

**Léxico* (어휘) *de clima y vestuario* (의류)

Corea tiene cuatro estaciones: **primavera**, **verano**, **otoño** e **invierno**. En **primavera**, hay muchas flores hermosas. En **verano**, hace calor y llueve todos los días. En **otoño**, los árboles cambian de color y hace viento. En **invierno**, hace mucho frío y nieva; por eso (그래서), hay que comprar ropa gruesa (따뜻한 옷). A los jóvenes les gusta estar **a la moda**. Y prefieren comprar **ropa** nueva en cada estación. Por eso, las tiendas de ropa ¡ganan mucho dinero!

*Recordemos que "ropa", "dinero" y "basura" se usan en **singular**.

Práctica de conversación

1. ¿Qué ropa* prefieres usar para ir / venir a la universidad?

a) Prefiero ropa cómoda: unos pantalones y una camiseta.

b) Prefiero usar ropa delgada (얇은 옷), porque hace calor.

2. ¿Qué ropa no te gusta usar en verano?

a) En verano, no me gusta usar ropa formal (정장) ni zapatos.

b) En verano, no me gusta usar pantalones largos.

c) En verano, no me gusta usar ropa gruesa ni de manga (소매) larga.

3. ¿Dónde compras tu ropa, en un almacén o por Internet?

a) En un almacén, porque puedo probármela (옷을 입어 보다).

b) Compro mi ropa por Internet, por eso no tengo que salir.

c) Compro mi ropa en __________, porque __________

***Encontrar a un(a) compañero(a) con igual respuesta**

1) Mi compañero(a) ________ prefiere comprar su ropa en ________ y yo también.

4. ¿En dónde es mejor comprar ropa de moda?

a) Es mejor comprar ropa de moda en un almacén.

b) Es mejor comprar ropa de moda por Internet.

c) No sé, nunca compro ropa de moda porque tengo mi propio estilo.

5. ¿Te gusta la ropa cara (비싼)?

a) Depende (때에 따라서), por ejemplo: me gusta un abrigo (외투) caro, una bufanda (목도리) de seda (실크), pero prefiero una camiseta (티셔츠) barata (싼).

b) No, no me gusta la ropa cara, prefiero la ropa barata.

6. ¿Cuál es más cara, la ropa de verano o la ropa de invierno?

a) La ropa de invierno, los suéteres (스웨터) y los sacos (재킷) son muy caros.

b) Creo que la ropa de verano es más cara, porque se usa poco.

c) Creo que toda la ropa de temporada (계절옷) es cara.

7. ¿Qué ropa no te gusta usar para ir / venir a clases?

a) No me gusta usar ropa incómoda (불편한 옷).

b) No me gusta usar ropa tan elegante (화려한), solo a veces.

c) No me gusta usar ropa llamativa (지나치게 남의 주목을 끄는).

8. ¿Qué clima prefieres, el calor o el frío?

a) Me gusta el calor, porque disfruto (즐기다) del sol.

b) Me gusta el frío, porque me molesta sudar (땀을 흘리다).

c) Me gustan ambos (둘 다), pero prefiero el __________

***Encontrar a un(a) compañero(a) con igual respuesta**

1) Mi compañero(a) ________ prefiere el ________ y yo también.

9. ¿Qué te gusta hacer cuando llueve (비가 오다)?

a) Me gusta tomar *makoli* con tortilla de verdura (막걸리와 전).

b) Me gusta comer churros con chocolate.

c) Me gusta salir a pasear bajo la lluvia.

d) Me gusta quedarme en casa, con ropa de dormir (잠옷).

10. ¿Qué te gusta hacer cuando hace buen tiempo?

a) Me gusta salir a pasear, con sandalias y ropa cómoda (편리한).

b) Me gusta andar en bicicleta, con casco (헬멧) deportivo.

c) Me gusta tomar fotos en el parque (공원).

Práctica gramatical

Ejercicio 1

Completar las frases correctamente

1. En primavera, todavía (아직) hace un poco de (frío / calor) ____________________
2. Por eso, usamos pantalón (largo / corto) ____________________
3. En verano, hace mucho (frío / calor) ____________________
4. Por eso, usamos ropa (delgada / gruesa) ____________________
5. En otoño, ya hace un poco de (frío / calor) ____________________
6. Por eso, usamos pantalón (largo / corto) ____________________
7. En invierno, hace mucho (frío / calor) ____________________
8. Por eso, usamos ropa (delgada / gruesa)____________________
9. Usamos abrigo en ____________________, con una bufanda.
10. Y los pantalones cortos se usan en ____________________

Respuestas

정답

10. verano	9. invierno	8. gruesa	7. frío	6. largo
5. frío	4. delgada	3. calor	2. largo	1. frío

Ejercicio 2

Escribir los nombres al lado de la ropa y pintar de colores

1. camisa amarilla (노란 셔츠)
2. pantalones* cafés (갈색 바지)
3. tenis morados (보라색 운동화)
4. calcetines azules (파란 양말)

5. suéter rojo (빨간 스웨터)
6. corbata verde (초록색 넥타이)
7. guantes grises (회색 장갑)
8. zapatos negros (검정 신발)

**pantalón = pantalones*

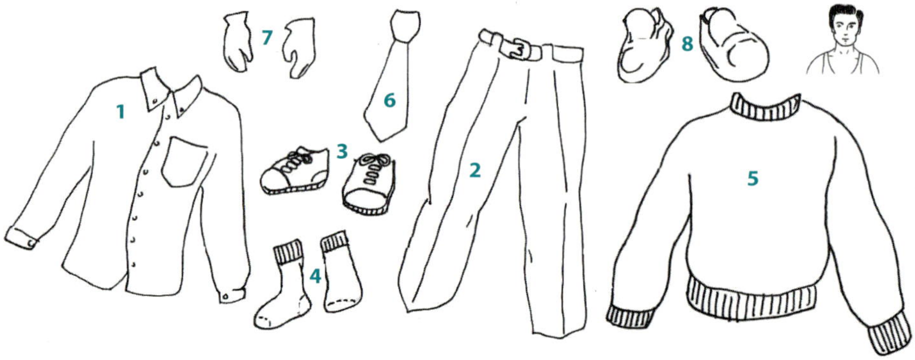

1. blusa amarilla (노란 블라우스)
2. botas cafés (갈색 부츠)
3. falda rosa (분홍색 치마)
4. pantalón azul (파란 바지)

5. saco morado (보라색 재킷)
6. vestido rojo (빨간 원피스)
7. zapatos rojos (빨간 구두)
8. camiseta* azul (파란 티셔츠)

**La camiseta no tiene cuello* (셔츠에는 깃이 없습니다.)

Tema

14 Pienso viajar y trabajar

**Futuro: querer* (소망), *desear* (아마도), *pensar* (확신)

Mis amigos y yo ***pensamos*** preparar muy bien nuestro viaje a América Latina. Vamos a salir de Corea en enero. Primero, ***pensamos*** ir a México, después a Perú y a Argentina. ***Deseamos*** conocer Cuba, pero no sabemos si vamos a tener tiempo. ***Pensamos*** ahorrar mucho para preparar muy bien el viaje. ***Quisiéramos*** conocer más lugares, aunque (...이어도) no tenemos tanto dinero. ***¡Deseamos*** vivir una gran experiencia! Por eso, ***pensamos*** pedir información a los amigos que ya fueron el año pasado. ***Deseamos*** aprender y ***quisiéramos*** escuchar sus consejos.

Práctica de conversación

1. ¿Adónde quisieras viajar con poco dinero?

a) Quisiera ir a __________

b) No me gusta gastar mucho dinero, solo deseo ir a __________

2. ¿Qué país tienes ganas de conocer?

a) Tengo ganas de conocer (PAÍS) __________

***Pregunta a TODOS tus compañeros**

1) Mi compañero(a) ________ quiere conocer ________ y yo también.

2) Solo yo tengo ganas de conocer ________ y nadie más.

3. ¿Cuándo quisieras viajar?

a) Quisiera viajar al terminar mi carrera.

b) Quisiera viajar antes de buscar trabajo.

c) Quisiera viajar después de ahorrar (저축하다) mucho dinero.

4. ¿En qué empresa deseas trabajar?

a) Deseo trabajar en una empresa global (글로벌 기업).

b) Quisiera trabajar en una gran empresa coreana.

c) Deseo trabajar en el gobierno (정부).

5. ¿Qué piensas hacer este invierno?

a) Pienso ir a una playa (해변) en el extranjero.

b) Pienso ir de compras a __________

c) Pienso quedarme en casa para descansar.

6. ¿Piensas viajar mucho, antes de trabajar?

a) Sí, pienso viajar mucho solo(a), antes de trabajar.

b) Sí, pienso viajar mucho con mi familia, antes de trabajar.

c) No, pienso que es mejor viajar mucho después de empezar a trabajar.

7. ¿Qué es lo que más te gusta comprar en tus viajes?

a) Me gusta comprar cosas típicas (전통적인 물건).

b) Me gusta comprar cosas de moda (유행인 물건).

c) Me gusta comprar libros y recuerdos (기념품).

***Pregunta a TODOS tus compañeros**

1) A mi compañero(a) ________ le gusta comprar ________ y a mí también.

2) Solo a mí me gusta comprar ________ y a nadie más.

8. En tu trabajo, ¿deseas descansar los fines de semana?

a) Sí, deseo descansar los fines de semana, si es posible.

b) Pienso trabajar los fines de semana, también.

9. ¿Piensas comprarte algo muy caro (매우 비싼), después de encontrar trabajo?

a) Sí, pienso comprarme un / una / unos / unas __________

b) No, pienso ahorrar (아끼다) mucho para viajar / para ayudar a mi familia.

*Pregunta a TODOS tus compañeros

1) Mi compañero(a) ________ desea comprarse un / una ________ muy caro(a) y yo también.

2) Mi compañero(a) ________ piensa ahorrar mucho y yo también.

10. ¿Qué quisieras comprarle a tus papás después de encontrar trabajo?

a) Quisiera comprarles un coche nuevo.

b) Quisiera comprarles un viaje (여행) para ellos dos.

c) Quisiera comprarles unas flores.

d) Quisiera comprarles __________

Práctica gramatical

Ejercicio 1

Escribir (S) si es SEGURO (확신) y (Q) QUIZÁ (아마도) si no es seguro

1. (   ) En vacaciones, quisiera visitar a mis padres, pero tengo mucho trabajo.
2. (   ) El mes próximo pienso viajar por Perú y Colombia. Ya tengo la reserva.
3. (   ) Deseo comprar unos zapatos nuevos, pero no tengo dinero.
4. (   ) Pienso invitar a mis amigos al cine, mañana. Tengo entradas para todos.
5. (   ) Quisiera dormir todo el fin de semana. Pero debo limpiar mi habitación.
6. (   ) Pienso ver a José para estudiar juntos mañana.
7. (   ) Quisiera una pizza y espagueti. Pero está cerrado el restaurante.
8. (   ) Pienso ver el juego final de béisbol en casa de mi amigo. Ya quedamos.
9. (   ) Deseo vivir cerca de la escuela. Quisiera encontrar un lugar barato.
10. (   ) Pienso terminar rápido para ir a descansar.

Respuestas

정답 | 1. Q 2. S 3. Q 4. S 5. Q 6. S 7. Q 8. S 9. Q 10. S

Ejercicio 2

En equipos de 2 o 3 compañeros, hacer un diálogo con sus DESEOS para las próximas vacaciones, con los verbos QUISIERA y DESEO

**Leer enfrente de sus compañeros (todos deben leer)*

COMPAÑERO(A)

__________: Vamos a presentar nuestros deseos para las próximas vacaciones.

__________: Primero, quisiéramos ______________________________

__________: Después, deseamos ______________________________

__________: Luego, quisiéramos ______________________________

__________: También, deseamos ______________________________

__________: Además, quisiéramos ______________________________

__________: Después, deseamos ______________________________

__________: También, quisiéramos ______________________________

__________: Finalmente, deseamos ______________________________

Tema 15

Mis lugares preferidos

Elemental

**Establecimientos comerciales* (상업 시설)

Los sábados me gusta salir con mis amigos. Primero, vamos al ***banco*** para sacar dinero (은행에서 출금하다) y después vamos a comer a un ***restaurante***. Por la tarde, vamos a una ***cafetería*** de animales para jugar con mascotas. Por la noche, tomamos una cerveza en el ***bar*** y volvemos a casa. Pero los domingos me gusta estar solo. Prefiero ir al ***parque*** para leer. Hay un ***lago*** (호수) dentro del parque con patos (오리) muy lindos. Me gusta tomar fotos de las flores que hay en los ***jardines***. Descanso mucho y vuelvo tranquilo a ***casa*** para empezar bien la semana.

Práctica de conversación

1. ¿Sueles (습관적으로 ...하다) ir con frecuencia (자주) a la cafetería?

a) Sí, voy todos los días después de comer.

b) No, voy a veces.

2. ¿Qué es más divertido (재미있는), ir a un bar o a un café?

a) Creo que es más divertido ir a un bar.

b) Creo que es más divertido ir a un café.

c) Creo que ambos (둘 다) lugares son divertidos.

3. ¿Dónde prefieres encontrarte (만나다) con tu mejor amigo(a)?

a) Prefiero un café cerca de su casa.

b) Prefiero un lugar lejos de su casa.

4. ¿Adónde no te gusta ir con tus amigos?

a) No me gusta ir con mis amigos al río Han.

b) No me gusta ir de compras con mis amigos.

c) No me gusta ir con mis amigos a ___________

5. ¿En cuál cafetería es más barata la comida?

a) La comida es más barata (싼) en el centro estudiantil (학생회관).

b) En el restaurante que está al lado del banco.

c) En la cafetería que está en ______________________

6. ¿Adónde te gusta ir cuando estás aburrido(a) (심심한)?

a) Cuando estoy aburrido(a), me gusta ir a la biblioteca.

b) Cuando estoy aburrido(a), me gusta ir a la cafetería.

c) Cuando estoy aburrido(a), me gusta ir al parque (공원).

***Encontrar a un(a) compañero(a) con igual respuesta**

1) A mi compañero(a) ________ le gusta ________ cuando está aburrido(a) y a mí también.

7. ¿Quién vive en el piso de arriba de tu casa (너의 집 바로 위층)?

a) En el piso de arriba de mi casa (나의 집 바로 위층) viven unos abuelos (조부모님).

b) En el piso de arriba de mi casa vive una familia joven (젊은 가족).

c) No sé quién vive en el piso de arriba de mi casa.

d) Nadie vive en el piso de arriba de mi casa.

8. ¿Dónde es tu lugar favorito en la universidad?

a) Mi lugar favorito es el centro estudiantil.

b) Mi lugar favorito es el jardín (정원) que está al lado de ___________

c) Mi lugar favorito es el lago ___________, para ver patos.

***Pregunta a TODOS tus compañeros**

1) El lugar favorito de mi compañero(a) ________ es ________ y el mío también.

2) Mi lugar favorito en la universidad es ________ y de nadie más.

9. ¿A qué papelería (문구점) te gusta ir?

a) A la papelería que está cerca del restaurante vegetariano (채식주의자 식당).

b) Me gusta ir a la papelería que está cerca de mi casa.

c) Me gusta ir a la papelería que está __________

10. ¿Quién está sentado(a) a tu lado (...옆에)?

a) Hoy, a mi lado está sentado(a) __________

b) Hoy, estoy sentado(a) entre (...사이에) __________ y __________

Práctica gramatical

Ejercicio 1

Completar las frases con los lugares correctos

parque   biblioteca   restaurante   banco   farmacia
salón   cafetería   bar   lago   papelería

1. Para tomar la clase, voy al ____________________
2. Para consultar libros, voy a la ____________________
3. Para comprar aspirinas, voy a la ____________________
4. Para disfrutar un café, voy a la ____________________
5. Para caminar con mi perro, voy al ____________________
6. Al ____________________ vamos para comer pizza con ensalada.
7. Al ____________________ vamos para beber una buena cerveza.
8. Al ____________________ vamos para sacar dinero.
9. En la ____________________ podemos comprar cuadernos y bolígrafos.
10. En el ____________________ podemos ver patos y disfrutar.

Respuestas

정답

1. salón	2. biblioteca	3. farmacia	4. cafetería	5. parque
6. restaurante	7. bar	8. banco	9. papelería	10. lago

Ejercicio 2

En equipos de 2 o 3 compañeros, escribir una carta al ayuntamiento (시청)

**Pedir buenos lugares para los pasatiempos de los jóvenes*

**Leer enfrente de sus compañeros (todos deben leer)*

Para el Alcalde (시장) de Seúl

Estimado Sr. Alcalde:

Somos estudiantes de ________________________________

Pensamos que en Seúl no hay ____________________________

____

Deseamos un lugar con _______________________________

____

Quisiéramos pasar nuestro tiempo libre en ________________

____

Muchas gracias por su atención.

Tema 16

Estoy yendo a casa

**Gerundio* (현재 분사) *y presente durativo* (계속성)

Mi amigo y yo ***estamos viendo*** un programa donde ***están hablando*** de los bailes de moda en Corea. La locutora ***está diciendo*** que los coreanos, hoy en día (오늘날), ***están bailando*** nuevos ritmos: salsa, merengue, tango. Mi amigo dijo que ***estaba leyendo*** sobre los lugares que enseñan salsa en Seúl. Cada vez aumentan las academias y no solo ***están enseñando*** a jóvenes, los adultos mayores (나이가 많은) también ***están yendo*** para aprender a bailar. Yo ***estoy pensando*** en ir también. Mi amigo baila muy bien, pero yo no, y mi novia siempre ***está invitándome*** a ir a bailar... Sin duda, la globalización ***está influyendo*** para conocer otras culturas.

Práctica de conversación

1. ¿Estás practicando algún deporte ahora?

a) Sí, estoy jugando (al) tenis todas las tardes / los fines de semana.

b) Sí, estoy practicando yoga tres veces por semana.

c) No, no estoy practicando nada, en estos días.

***Pregunta a TODOS tus compañeros**

1) Mi compañero(a) ________ está practicando ________ en estos días y yo también.

2) En estos días, estoy practicando ________ y nadie más.

2. ¿Estás yendo (가다) a la biblioteca en estos días?

a) Sí, estoy yendo a la biblioteca cuando terminan mis clases.

b) Sí, estoy yendo los fines de semana.

c) No, en estos días, no estoy yendo a la biblioteca.

3. ¿Estás tomando fotos en estos días?

a) Sí, estoy tomando fotos de ___________

b) Sí, estoy tomando fotos de mis compañeros.

c) No, yo no, pero otros compañeros están tomando fotos.

4. ¿Cómo está el clima (날씨) ahora?

a) Ahora, ______________________

está haciendo calor | está fresco | está lloviendo (비가 오다) | hace frío | está nublado (날씨가 흐리다) | hay humedad (습하다) | está nevando (눈이 내리다)

5. ¿Estás estudiando mucho español?

a) Sí, estoy estudiando mucho español en estos días.

b) Sí, también estoy estudiando español en mi casa.

6. ¿Estás trabajando en estos días?

a) Sí, estoy trabajando en los fines de semana.

b) Sí, estoy dando clases particulares (과외하다).

c) No, no estoy trabajando en estos días.

7. ¿Estás preparando algún examen?

a) Sí, estoy preparando el examen DELE.

b) Sí, estoy preparando un examen para buscar trabajo.

c) No, no estoy preparando ningún examen.

8. ¿Estás durmiendo bien en estos días?

a) Sí, muy bien. Estoy durmiendo más de ___________ horas.

b) Sí, estoy durmiendo bien, pero quisiera dormir más.

c) Sí, estoy durmiendo bien, porque no hay exámenes ni tareas.

***Pregunta a TODOS tus compañeros**

1) Mi compañero(a) ________ está durmiendo muy bien y yo también.

2) Mi compañero(a) ________ está durmiendo más de ________ horas y yo también.

9. ¿Estás pensando en algún plan de viaje?

a) Estoy pensando (en) viajar con mi familia / con mis amigos.

b) Estoy pensando (en) viajar solo(a). Por eso, estoy estudiando español.

c) Estoy pensando (en) ir de intercambio (교환학생) a México / a España.

10. ¿Estás comiendo frutas (과일) y verduras (채소)?

a) Sí, estoy comiendo frutas: sandía, melón, plátanos.

b) Sí, estoy comiendo mucha verdura porque estoy a dieta.

c) No, no me gusta la fruta ni la verdura.

Práctica gramatical

Ejercicio 1

Completar las frases con (ESTAR + ~ando, endo)

1. Nosotros (ESTAR / APRENDER) ______________________ español.
2. Los niños (ESTAR / DORMIR) ______________________ en la habitación.
3. Mi amigo (ESTAR / VER) ______________________ una serie de TV.
4. Elisa (ESTAR / ESTUDIAR) ______________________ para ser médica.
5. La mamá (ESTAR / IR) ______________________ a la farmacia.
6. Y su hijo (ESTAR / ESPERAR) ______________________ en el hospital.
7. Mis padres (ESTAR / PRACTICAR) ______________________ yoga todos los días.
8. Y yo también (ESTAR / JUGAR) ______________________ (al) tenis todos los días.

9. Los estudiantes (ESTAR / TERMINAR) ______________________ la clase.

10. Y tú, ¿qué (ESTAR / HACER) ______________________ ahora?

Respuestas

정답

1. estamos aprendiendo	2. están durmiendo	3. está viendo
4. está estudiando	5. está yendo	6. está esperando
7. están practicando	8. estoy jugando	9. están terminando
10. estás haciendo		

Ejercicio 2

Actuar (연기하다), sin hablar, algunas acciones.

**El profesor prepara un papelito con una actividad para cada estudiante*

**Todos van a adivinar* (알아내다)

PROFESOR: ¿Qué está haciendo?

TODOS: ¡Está comiendo!

estoy comiendo	estoy estudiando	estoy descansando	estoy caminando
estoy tomando café	estoy viendo televisión	estoy jugando fútbol	estoy jugando béisbol
estoy corriendo	estoy bailando	estoy leyendo	estoy cantando

Tema
17 Felicidad y tristeza

**Estados anímicos* (상태)

La ***felicidad*** y la ***tristeza*** siempre están en la vida. A veces, estamos ***tristes*** cuando alguien está enfermo. Y estamos ***felices*** cuando salimos con los amigos. Entre todos los seres vivos, las personas tienen más estados anímicos. Tenemos ***miedo***, tenemos ***estrés***, estamos ***preocupados*** por los problemas y estamos ***cansados*** al final del día. Pero también estamos ***felices*** al comer algo delicioso y nos sentimos ***relajados*** cuanto todo está bien.

****relajado(a) = tranquilo(a)***

Las emociones (감정) también se pueden expresar con verbos de complemento indirecto; estos verbos funcionan con un pronombre de objeto indirecto: **me**, **te**, **le**, **nos**, **les** y solo cambia en singular y en plural. Los verbos más comunes son: *gustar*-**me gusta** (***me gusta*** *cantar*, ***me gustan*** *las flores*), *encantar*-**me encanta** (***me encanta*** *comer*, ***me encantan*** *las flores*), *parecer*-**me parece** (***me parece*** *raro*, ***me parecen*** *hermosos*), *causar*-**me causa** (***me causa*** *estrés*, *las guerras* (전쟁) ***me causan*** *tristeza*), *preocupar*-**me preocupa** (***me preocupa*** *tu salud*, ***me preocupan*** *los exámenes*), etc.

Práctica de conversación

1. ¿Cómo te sientes (느끼다) por las mañanas?

a) Siempre me siento cansado(a) (지치다), quisiera dormir más.

b) Me siento muy feliz (행복한) todas las mañanas.

c) Depende (...에 따라) del clima, si hace buen tiempo, me siento bien.

2. ¿Qué cosas te dan miedo (두려움)?

a) Me da miedo la oscuridad (어두움) o donde hay poca luz (빛).

b) Me dan miedo las películas de horror / las arañas (거미) / __________

c) Me dan miedo los exámenes finales.

***Pregunta a TODOS tus compañeros**

1) A mi compañero(a) ________ le da(n) miedo el / la / los / las ________ y a mí también.

2) Solamente a mí me da(n) miedo el / la / los / las ________

3. ¿Qué haces cuando estás triste (슬프다)?

a) Cuando estoy triste, me gusta estar solo(a).

b) Cuando estoy triste, prefiero dormir.

c) Cuando estoy triste, llamo a mi mejor amigo(a).

4. ¿Eres nervioso(a) (불안한) o tranquilo(a) (편안한)?

a) Pienso que soy muy tranquilo(a).

b) Creo que soy un poco nervioso(a).

c) Depende de la situación, pero generalmente soy __________

5. ¿Qué es lo que te parece más aburrido (심심한)?

a) Lo más aburrido es estar solo(a) en fin de semana.

b) Lo más aburrido son los discursos políticos (정치 연설).

c) Lo más aburrido es ver __________ en la televisión.

6. ¿Qué te causa estrés?

a) Cuando no puedo hacer la tarea (숙제), me siento estresado(a).

b) Cuando tengo poco tiempo para dormir.

c) Cuando tengo muchos exámenes y tareas.

7. ¿Qué te hace llorar (울다)?

a) Cuando veo una película triste, lloro.

b) Cuando estoy emocionado(a), lloro.

c) Cuando como mucho chile (고추), lloro.

***Pregunta a TODOS tus compañeros**

1) Mi compañero(a) ________ llora cuando ________ y yo también.

2) Cuando ________, lloro; pero mis compañeros, no.

8. ¿Te preocupa mucho tu futuro (너의 미래에 대해 많이 걱정하니)?

a) Un poco, porque no sé qué voy a hacer en el futuro.

b) Más o menos. Pero, ahora, solo quiero estudiar y divertirme.

c) No. Me siento feliz y no me preocupa mi futuro.

9. ¿Qué te hace feliz?

a) Me hace feliz estar con __________

b) Me hace feliz sacar buenas notas (좋은 성적) en las clases.

c) Me hace feliz __________

10. ¿Cómo te sientes cuando encuentras un regalo (선물) en tu mesa?

a) Pienso: ¿quién me daría ese regalo? (누가 그 선물을 줄까?)

b) Me siento emocionado(a) (감동적인) y lo abro (열다) rápidamente.

Práctica gramatical

Ejercicio 1

Completar las frases con los estados anímicos (상태)

estrés	miedo	triste	preocupado(a)	nervioso(a)
feliz(felices)	tranquilos(as)	cansados(as)	emocionados(as)	

1. Durante los exámenes, (tú ESTAR...) ____________________
2. En una entrevista de trabajo, (yo ESTAR...) ____________________
3. Cuando no hay tareas (ellos ESTAR...) ____________________
4. Al terminar de jugar (al) tenis, (ellas ESTAR...) ____________________
5. En el fin de semana, (nosotros ESTAR...) ____________________
6. Cuando mi perro está enfermo, (yo ESTAR...) ____________________
7. En una fiesta, (todos ESTAR...) ____________________
8. Al preparar un viaje, (ellos ESTAR...) ____________________
9. Cuando hay un problema (yo TENER...) ____________________
10. En una película de horror, (nosotros TENER...) ____________________

Respuestas

정답

10. tenemos miedo	9. tengo estrés	8. están emocionados
7. están felices	6. estoy triste	5. estamos tranquilos
4. están cansadas	3. están tranquilos / están felices	
2. estoy nervioso(a)	1. estás preocupado(a) / tranquilo(a)	

Ejercicio 2

Preguntar a tus compañeros y escribir sus nombres

A: ¿Qué haces cuando estás...?

B: Cuando estoy..., me gusta...

ir al cine hacer Internet hablar con sus amigos ver una película
salir a caminar estar en casa comer un *ramen* etc.

1. ¿Qué haces cuando estás triste?
   Cuando está triste, a mi compañero(a) __________ le gusta __________

2. ¿Qué haces cuando estás feliz?
   Cuando está feliz, a mi compañero(a) __________ le gusta __________

3. ¿Qué haces cuando estás preocupado(a)?
   Cuando está preocupado(a), a mi compañero(a) __________ le gusta ________

4. ¿Qué haces cuando estás aburrido (심심한)?
   Cuando está aburrido(a), a mi compañero(a) __________ le gusta __________

5. ¿Qué haces cuando tienes miedo?
   Cuando tiene miedo, a mi compañero(a) __________ le gusta __________

6. ¿Qué haces cuando tienes estrés?
   Cuando tiene estrés, a mi compañero(a) __________ le gusta __________

7. ¿Qué haces cuando estás relajado(a)?
   Cuando está relajado(a), a mi compañero(a) __________ le gusta __________

Tema

18 La rutina diaria

**Verbos pronominales* (1) (재귀 동사)

Soy Alicia y Javier es mi hermano. Vivimos juntos pero tenemos diferente rutina. Yo ***me levanto*** temprano para hacer ejercicio. ***Me baño*** y ***me preparo*** un jugo de naranja. ***Me arreglo*** (정돈하다) y salgo a trabajar. Javier también ***se despierta*** temprano para hacer yoga. ***Se lava*** la cara, ***se peina*** y ***se va*** a la escuela. Javier **se baña** por la noche después de jugar (al) tenis. Los domingos sí tenemos igual rutina. ***Nos quedamos*** dormidos hasta tarde, ***nos preparamos*** de comer algo fácil, ***nos sentamos*** a ver una película y ***nos dormimos*** temprano. A veces, ***nos vamos*** cada uno con ***nuestros amigos***, pero estamos felices de vivir juntos.

Práctica de conversación

1. ¿A qué hora te despiertas (깨다) por las mañanas?

a) Generalmente, me despierto a las __________

b) Cuando tengo clases, me despierto temprano (일찍), a las __________

c) Los fines de semana, me despierto temprano / tarde, a las __________

2. ¿Dónde desayunas?

a) Desayuno en mi casa. Me preparo un jugo y algo de fruta.

b) Desayuno en el restaurante del dormitorio.

c) No desayuno nunca, pero me siento bien.

3. ¿A qué hora sueles (습관적으로 ...하다) bañarte?

a) Prefiero bañarme por las mañanas.

b) Prefiero bañarme por las noches.

c) Me baño después de hacer ejercicio.

4. ¿Qué es lo primero que haces después de levantarte (일어나다)**?**

a) Me lavo la cara / Me lavo los dientes.

b) Pongo música. / Enciendo la televisión. / Tomo un vaso de agua.

5. ¿Acostumbras (습관적으로 ...하다) **usar secador de pelo** (헤어드라이기)**?**

a) Sí, todos los días me seco el pelo con secador.

b) Solamente cuando voy a ir a una fiesta, me peino con secador.

c) No, no uso secador de pelo. Me seco el pelo naturalmente.

6. ¿Dónde duermes la siesta (낮잠)**?**

a) Duermo la siesta en mi club.

b) Me duermo un poco en la biblioteca.

c) No duermo (la) siesta. Pero me duermo temprano (일찍).

7. ¿Tienes alguna rutina especial (특별한 일과)**, cuál es?**

a) Todas las mañanas, tomo vitaminas.

b) Todas las tardes, tomo café a las 4:00.

c) Todas las noches, hago ejercicio.

d) Todas las ____________________

***Pregunta a TODOS tus compañeros**

1) Mi compañero(a) ________ siempre ________ y yo también.

2) Yo siempre ________; pero mis compañeros, no.

8. ¿Dónde cenas (저녁식사를 하다)**, generalmente** (보통)**?**

a) Entre semana, ceno en la universidad.

b) Generalmente, ceno con mis amigos.

c) Regreso a mi casa y yo me preparo la cena.

9. ¿A qué hora te acuestas (눕다) a dormir?

a) Generalmente, me acuesto a las __________ y me duermo rápidamente.

b) Cuando tengo clases, me duermo tarde, a las __________

c) Los fines de semana, me duermo __________, a las __________
(TEMPRANO / TARDE)

***Encontrar a un(a) compañero(a) con igual respuesta**

1) Mi compañero(a) ________ se acuesta a las ________ y yo también.

10. ¿A qué hora haces Internet (인터넷을 하다)?

a) Por las tardes, después de cenar.

b) Por las noches, antes de dormir.

c) A todas horas. Me siento feliz haciendo Internet.

Práctica gramatical

Ejercicio 1

Conjugar los verbos en presente, con su pronombre

1. (SENTIRSE) yo (me / te / nos / se) ______________________
2. (BAÑARSE) tú (me / te / nos / se) ______________________
3. (DORMIRSE) él (me / te / nos / se) ______________________
4. (IRSE) nosotros (me / te / nos / se) ______________________
5. (ARREGLARSE) ustedes (me / te / nos / se) ______________________
6. (VESTIRSE) ellas (me / te / nos / se) ______________________

Respuestas

정답

6. ellas se visten 5. ustedes se arreglan 4. nosotros nos vamos
3. él se duerme 2. tú te bañas 1. yo me siento

Elemental

Ejercicio 2

Completar las frases con verbos pronominales, en presente

1. Yo (IRSE) __________ a la cama ahora, porque estoy muy cansada.
2. Tú (LEVANTARSE) __________ temprano para llegar a tiempo.
3. Los niños (LAVARSE) __________ las manos, antes de comer.
4. Yo (PONERSE) __________ un vestido elegante para la fiesta.
5. Todas las noches, yo (PREPARARSE) __________ la cena.
6. Tú siempre (ARREGLARSE) __________ para venir a la universidad.
7. Mis amigas (PEINARSE) __________ con secador.
8. Muchos (DORMIRSE) __________ en la biblioteca en los exámenes.
9. Algunos (BAÑARSE) __________ antes de ir a la clase.
10. Todos (SENTIRSE) __________ felices cuando hay vacaciones.

Respuestas

정답

1. me voy	2. te levantas	3. se lavan	4. me pongo	5. me preparo
6. te arreglas	7. se peinan	8. se duermen	9. se bañan	10. se sienten

Ejercicio 3

Escribir tu rutina y escuchar la rutina de otros compañeros

1. A las __________ me despierto y ______________________________
2. Después __________ y ______________________________
3. Luego, __________ y ______________________________
4. A las __________ vuelvo a casa y ______________________________
5. Después __________ y ______________________________
6. Finalmente, me duermo a las ______________________________

Tema

19 Mi carrera universitaria

**Carreras* (전공), *profesiones* (직업) *y oficios* (일)

La ***carrera*** es la especialidad que estudiamos en la universidad. Algunos ejemplos de carreras: ***Relaciones Internacionales***, ***Lengua y Literatura Hispánicas***, ***Ingeniería***, ***Antropología***, ***Administración***, ***Enfermería***, ***Economía***. Las profesiones son los trabajos que necesitan una carrera universitaria. Por ejemplo: ***médico***, ***gerente de empresa***, ***diplomático***, ***profesor***, ***enfermero***, ***economista***. Y los oficios son los trabajos que se pueden hacer sin una carrera universitaria, aunque (...이어도) también se necesita estudiar para tener un buen oficio. Algunos ***oficios*** son: ***peluquero***, ***cartero***, ***mesero*** o ***camarero***, ***cocinero***, ***taxista***, ***obrero***. Pero los trabajos del profesionista y los oficios son igualmente valiosos y necesarios para nuestra sociedad. ¡Y todos merecen igual respeto!

Práctica de conversación

1. ¿Cuál es tu carrera (전공)?

a) Mi carrera es ____________________

ESTUDIO... Linguística
Ciencias políticas
Relaciones internacionales
Economía
Farmacia
Mercadotecnia (Consumidores)
Biología
Administración de empresas
Enfermería
Filosofía
Educación de inglés / de...
Agricultura
Estudios de la familia
Biotecnología y Ciencias del cultivo

	Música tradicional	Geografía
	Ingeniería química / civil / de recursos energéticos	
	Lengua y literatura coreanas / españolas / francesas / inglesas	
EN LA...	Facultad de Humanidades / de Ciencias Sociales / de Educación	

2. Tu carrera ¿es difícil (어려운)?

a) Mi carrera es muy difícil.

b) Mi carrera es un poco difícil.

c) Mi carrera no es tan difícil.

3. ¿Cuál es la carrera de moda (유행하는 학과)?

a) Pienso que la carrera de moda es ___________

b) Me parece que ahora todos quieren estudiar ___________

4. ¿Cuál te parece (어떤가요) más peligroso (위험한), el trabajo del bombero (소방관) o del policía?

a) Me parece más peligroso el trabajo del bombero.

b) Me parece más peligroso el trabajo del policía.

c) Ambos (둘 다) trabajos me parece muy peligrosos.

5. ¿Tienes segunda carrera (부전공) o alguna especialidad (세부 전공)?

a) Sí, también estudio la carrera de ___________

b) Sí, estudio la especialidad de ___________

c) No, solamente tengo una carrera.

6. ¿Cuál trabajo te parece más prestigiado (명성이 높은)?

a) El trabajo del diplomático (외교관) me parece más prestigiado.

b) El trabajo del abogado (변호사) me parece más prestigiado.

c) El trabajo del / de la ___________ me parece más prestigiado.

7. Cuando buscamos trabajo, ¿es más importante ganar dinero o ser profesional (전문가)?

a) Es más importante ser profesional.

b) El dinero es más importante, para ser muy ricos.

c) Las dos cosas son importantes.

***Encontrar a un(a) compañero(a) con igual respuesta**

1) Para mi compañero(a) ________ es más importante ________ y para mí también.

8. ¿Cuál trabajo te parece más divertido (재미있는)?

a) Me parece más divertido el trabajo del cantante.

b) Me parece más divertido el trabajo del artista.

c) Me parece más divertido el trabajo de la bailarina (발레리나).

9. ¿Cuál trabajo no te gustaría tener?

a) No me gustaría trabajar como bombero(a).

b) No me gustaría trabajar como chofer de autobús.

***Pregunta a TODOS tus compañeros**

1) A mi compañero(a) ________ no le gustaría trabajar como ________ ni a mí tampoco.

2) Solamente a mí no me gustaría trabajar como ________

10. ¿Alguien de tu familia estudió tu misma carrera (너와 같은 학과)?

a) Sí, mi papá estudió mi carrera también.

b) No, solamente yo estudio esta carrera en mi familia.

c) No estoy seguro(a), creo que nadie.

Práctica gramatical

Ejercicio 1

Completar las frases con las carreras, las profesiones y los oficios

pintor(a) escritor(a) profesor(a) médico(a) enfermero(a)
mesero(a) / camarero(a) arquitecto(a) cocinero(a) científico(a)

1. Mi carrera es ________________
2. Pienso trabajar como ________________
3. Antonio Gaudí estudió Arquitectura, fue un famoso ________________ español.
4. En un restaurante, el ________________ sirve las mesas y el ________________ prepara la comida.
5. Frida Kalho estudió Arte, fue una famosa ________________ mexicana.
6. El ________________ y el ________________ (환자들을 고치다) curan a los enfermos.
7. Shakespeare estudió Literatura Latina, fue un famoso ________________ inglés.
8. Albert Einstein estudió Física, fue un famoso ________________ alemán.
9. En la universidad, los ________________ enseñan a los alumnos.
10. Mi mejor amigo(a) estudia ________________

Respuestas

정답

1. Mi carrera es...	2. Pienso trabajar como...	3. arquitecto
4. camarero-mesero / cocinero	5. pintora	6. médico / enfermero
7. escritor	8. científico	9. profesores
10. Mi mejor amigo(a) estudia...		

Ejercicio 2

Organizar equipos para jugar a la "Campana dorada" (*Golden Bell*)**, con las carreras, las profesiones y los oficios**

**El profesor pone una imagen y todos adivinan*

NIVEL INTERMEDIO

Gastronomía latinoamericana

Tema

01 Mis compañeros y yo

**Información de contacto*

La ***información de contacto*** sirve para acercarse por primera vez entre los miembros de un grupo.

El ***respeto*** es la base de la comunicación y el ***ambiente de alegría*** ayuda para ***interactuar*** y ***practicar*** mejor el idioma.

El primer ejercicio de gramática será para recordar la forma de ***futuro*** con el verbo **IR a + INFINITIVO**: *voy a cantar.*

yo **voy** tú **vas** él / ella **va** nosotros **vamos** ustedes / ellos **van**

---

1. En español, por cortesía, no se dice ~~*yo y mi mamá*~~.
   *Se nombra primero a las otras personas: "*mi amigo y yo*", "*mi compañera y yo*".
2. En español, no es necesario decir ~~*compañeros y compañeras, amigos y amigas*~~.
   *Lo correcto es: "*compañeros*" o "*amigos*", el plural incluye a las mujeres.

Práctica gramatical

Ejercicio

Completar las frases con la conjugación del futuro (IR a + INFINITIVO)

1. Mis compañeros y yo (TENER) ____________________ un examen muy fácil.
2. Este fin de semana yo no (SALIR) ____________________ porque estoy muy cansado(a).
3. ¿Tú qué (HACER) ____________________ después de clases?
4. No lo sé, probablemente yo (BUSCAR) ____________________ unos libros.

5. Si no estudias esta noche no (APROBAR) ____________________ el examen.
6. En mi próximo cumpleaños (BEBER) ____________________ solo un poco.
7. El próximo año, Juan (IR) ____________________ de viaje a Perú.
8. ¿Ustedes (VISITAR) ____________________ a tus abuelos en estas vacaciones?
9. El profesor no (RECIBIR) ____________________ la tarea la próxima semana.
10. Mis amigas (CENAR) ____________________ juntas en ese restaurante.

Respuestas

정답

1. vamos a tener	2. voy a salir	3. vas a hacer	4. voy a buscar	5. vas a aprobar
6. voy a beber	7. va a ir	8. van a visitar	9. va a recibir	10. van a cenar

Práctica de conversación

1. Hola, me llamo ____________, ¿cuál es tu nombre?

a) Mi nombre es __________ ¡Encantado(a)! / ¡Mucho gusto!

2. Hola, ______________, ¿cuándo naciste (태어나다)?

NOMBRE

a) Nací el (DÍA) __________ de (MES) __________

enero (1월)	febrero (2월)	marzo (3월)	abril (4월)
mayo (5월)	junio (6월)	julio (7월)	agosto (8월)
septiembre (9월)	octubre (10월)	noviembre (11월)	diciembre (12월)

MESES DEL AÑO

3. ¿En qué ciudad naciste?

a) Nací en __________

***Pregunta a TODOS tus compañeros**

1) Mi compañero(a) ________ nació en ________ y yo también.

2) Solamente yo nací en ________

4. ¿Todavía tienes familia en tu ciudad natal (태어난 도시)?

a) Sí, en __________, que es mi ciudad natal, vive toda mi familia.

b) No, ahora todos viven en __________

c) Solamente una parte de mi familia vive en mi ciudad natal.

5. ¿En qué año entraste (입학하다) a la universidad?

a) Entré en 20 __________

2010 dos mil diez	2011 dos mil once	2012 dos mil doce
2013 dos mil trece	2014 dos mil catorce	2015 dos mil quince
2016 dos mil dieciséis	2017 dos mil diecisiete	2018 dos mil dieciocho
2019 dos mil diecinueve	20__ dos mil ________	

6. ¿Qué días vienes (오다) a la universidad?

a) Vengo todos los días, excepto (제외하다) los __________

lunes martes miércoles jueves viernes sábados domingos

7. ¿Cuál es tu carrera (전공)?

a) Estoy en la Facultad (대학, 단과대학) de ____________________, y mi carrera es ____________________

ESTUDIO...

Linguística	Administración de empresas
Ciencias políticas	Enfermería
Relaciones internacionales	Estadística
Economía agrícola y desarrollo rural	Economía
	Agricultura
Farmacia	Educación de inglés
Mercadotecnia (Consumidores)	Geografía
Bioquímica	Civilizaciones y lenguas asiáticas
Antropología	

Ingeniería... civil / de recursos energéticos
Lengua y literatura... coreanas / españolas / francesas / inglesas
EN LA... Facultad de Humanidades / de Ciencias Sociales / de Educación

8. ¿Cuándo piensas graduarte (졸업하다)?

a) Pienso graduarme dentro de __________ (2, 3, 5) __________ años.

b) Quisiera graduarme en 20 __________, pero no estoy seguro(a).

9. Después de graduarte, ¿piensas trabajar o seguir estudiando?

a) Pienso trabajar.

b) Pienso seguir estudiando.

c) Todavía no he pensado en eso (생각해 본 적 없다).

d) Ninguna de las dos cosas. Quisiera viajar por todo el mundo.

10. ¿Dónde aprendiste español?

a) Aprendí español en el bachillerato (고등학교).

b) Aprendí español en una academia.

c) Aprendí español aquí (여기), en la universidad (대학교).

***Pregunta a TODOS tus compañeros**

1) Mi compañero(a) ________ aprendió español en ________ y yo también.

2) Yo aprendí español en ________ y nadie más.

11. ¿Has salido de intercambio (교환학생) o piensas salir?

a) Fui de intercambio a Barcelona / a Guadalajara / a __________

b) Voy a ir de intercambio a __________

c) No lo he pensado, pero me gustaría ir a __________

DISCUSIÓN
1

En equipo, preparar algunas ideas sobre el siguiente tema

**Preparar juntos las respuestas, todos deben hablar*

Tema de discusión

"Ventajas y desventajas de salir de intercambio"

Salir de intercambio

En Corea, es muy popular que los estudiantes preparen su intercambio para estudiar seis meses o un año en otro país. En especial, los alumnos que estudian otro idioma, como el español, desean vivir un tiempo en un país donde puedan mejorar su conversación. Vamos a pensar cuáles son las ventajas (장점) y las desventajas (단점) de salir de intercambio, para hablar con nuestros compañeros.

1) ¿Cuáles son las *ventajas* de salir de intercambio?

- Se puede aprender mejor otro idioma.
- Se puede ______________________________

2) ¿Cuáles son las *desventajas* de salir de intercambio?

- Se pierde el ritmo de estudio (공부 리듬이 깨진다).
- Hay varios peligros (위험), por ejemplo ______________________________

Tema

02 El fin de semana

**Pretérito simple*

El **pretérito simple** del modo **indicativo** señala la acción terminada del verbo que inicia y termina en el pasado, en un tiempo exacto. Hay tres modelos de conjugación, para los verbos terminados en ~AR, en ~ER y en ~IR. Pero también hay verbos irregulares, como **andar**-***anduve***, **poder**-***pude***, **saber**-***supe***, **decir**-***dije***.

Dos detalles importantes al hablar en español:
*Si dices "*no*", debes decir después "*ni*": "*no* quiere *ni* yo tampoco".
*Si dices "*sí*", debes decir después "*y*": "*sí* quiere *y* yo también".

Intermedio

Práctica gramatical

Ejercicio

Completar las frases con la conjugación en pretérito simple

1. Luis (IR) __________ al cine el fin de semana pasado.
2. Yo (VER) __________ una película muy divertida.
3. Mis amigos y yo (VIAJAR) __________ a México el verano pasado.
4. Tus padres (COMPRAR) __________ una casa más grande.
5. Profesor, ¿(RECIBIR) __________ mi tarea?
6. Los niños (PREFERIR) __________ cenar pollo frito.
7. Pedro (HABLAR) __________ poco en la última clase.
8. Yo (DISFRUTAR) __________ mucho ayer con mis padres.
9. José (COMER) __________ *kimchi* cuando visitó Corea.
10. Los profesores (DAR) __________ muy buenos seminarios.

Respuestas

정답

1. fue	2. vi	3. viajamos	4. compraron	5. recibió
6. prefirieron	7. habló	8. disfruté	9. comió	10. dieron

Práctica de conversación

1. ¿Qué hiciste el fin de semana pasado?

a) Dormí y descansé mucho.

b) Limpié mi cuarto y salí a pasear un poco.

c) Fui al cine y comí con mis amigos.

2. Anoche, ¿cenaste (저녁을 먹다) solo(a) o acompañado(a)?

a) Anoche cené solo(a).

b) Anoche, mi amigo(a) y yo cenamos juntos.

3. ¿Qué no te gusta hacer los fines de semana?

a) No me gusta limpiar mi cuarto.

b) No me gusta estudiar ni hacer tareas.

c) No me gusta lavar la ropa.

***Encuentra a un(a) compañero(a) que tenga igual respuesta**

1) A mi compañero(a) ________, no le gusta ________ el fin de semana, ni a mí tampoco.

4. ¿Sabes cocinar (요리하다), qué fue lo último que cocinaste?

a) Sí sé cocinar, hice espagueti / un caldo (국) / huevos con jamón.

b) No sé cocinar, pero preparé un *ramen* (라면) para cenar.

5. ¿A qué hora saliste (나가다) de tu casa esta mañana?

a) Salí de mi casa a las __________ de la mañana.

***Encuentra a un(a) compañero(a) que tenga igual respuesta**

1) Mi compañero(a) ________ y yo salimos de casa a las ________

6. ¿Cuántas clases tomaste (수업을 듣다) el semestre (학기) pasado?

a) El semestre pasado tomé (NÚMERO) __________ clases.

7. ¿Te gusta ir a conferencias (강연) o a simposios (심포지엄)?

a) Sí, me gusta ir a __________ porque aprendo mucho.

b) No me gusta ir a __________, pero voy cuando es tarea de la clase.

c) Depende (때에 따라서), si me interesa el tema, voy con mucho gusto a ambos.

8. ¿Cuándo fue la última vez (마지막 회) que fuiste a una conferencia?

a) Fui hace __________ a una conferencia.

un mes | una semana | un año | dos años | hace mucho | hace poco

9. ¿Cuándo fue la última vez que fuiste de compras?

a) Fui de compras hace __________

10. ¿Qué compraste?

a) Compré ropa de verano.

b) Compré unos tenis / unos libros / un regalo / __________

11. ¿Fuiste al cine últimamente (마지막으로)?

a) Sí, fui al cine hace __________

b) No, pero vi una película por Internet ayer / anoche / __________

c) No, hace mucho que fui al cine, porque no me gusta tanto.

DISCUSIÓN 2

En equipo, preparar algunas ideas sobre el siguiente tema

**Preparar juntos las respuestas, todos deben hablar*

Tema de discusión

"Comprar por Internet o comprar en las tiendas"

Las compras por Internet

Los teléfonos inteligentes aumentaron las compras por Internet. Comprar por Internet a proveedores (납품자, 공급자) extranjeros fue una moda (패션 트렌드) entre los surcoreanos. El año pasado, las compras a proveedores extranjeros alcanzaron casi cien millones de dólares.

1) Pensamos que es mejor comprar por Internet, porque...

- Se ahorra mucho dinero al comprar promociones (할인).
- Se ahorra tiempo y además ______________________________
- Pero también tiene problemas, por ejemplo: ____________________

2) Pensamos que es mejor comprar en los almacenes, porque...

- Se puede probar la ropa y ______________________________
- Se puede ver ______________________________
- Pero también hay problemas, por ejemplo: ____________________

Tema
03 Vivir fuera de casa

**Condicional simple*

El **condicional simple** es el tiempo verbal que sirve para expresar **duda** sobre el **pasado** (creí que no **pasaría**); una **hipótesis** (**sería** mejor así); expresar un **deseo** (me **gustaría** ir); pedir con ***cortesía*** (¿**Podrías** ayudarme?); para **sugerir** (**deberías** descansar), etc.

Condicional en verbos regulares: ***iría***, ***cantaría***, ***viviría***, ***sería***, ***debería***, ***desearía***.

Condicional en algunos verbos irregulares: ***podría***, ***haría***, ***diría***, ***saldría***, ***vendría***, ***cabría***, ***tendría***, ***pondría***, ***sabría***, etc.

Práctica gramatical

Ejercicio

Completar las frases con la conjugación en condicional (~ría)

1. Con gusto, (IR) __________ a tu casa, pero no tengo tiempo mañana.
2. ¿Señor, (PODER) __________ decirme dónde está la oficina postal?
3. En el viaje, nosotras (TENER) __________ que compartir la habitación, para ahorrar.
4. Yo (SALIR) __________ con ustedes, pero todavía tengo mucho trabajo.
5. Ana, (DEBER) __________ descansar, has trabajado demasiado.
6. Mi hermano (DESEAR) __________ rentar una habitación cerca de aquí.
7. Tu novio y tú (HACER) __________ una hermosa pareja.
8. Con tanta lluvia, (SER) __________ mejor quedarse en casa.
9. María dijo que mañana (VENIR) __________ a comer.
10. En un estante más grande (CABER) __________ todos mis libros.

Respuestas

정답				
1. iría	2. podría	3. tendríamos	4. saldría	5. debería
6. desearía	7. harían	8. sería	9. vendría	10. cabrían

Práctica de conversación

1. ¿Vives en la residencia universitaria o con tus padres?

a) Vivo en la residencia universitaria / en el dormitorio (학교 기숙사).

b) Vivo en casa, con mis padres.

c) Vivo fuera de casa, pero no en la residencia. Vivo en __________

2. ¿Cómo es tu compañero(a) de cuarto / de habitación?

a) Mi compañero(a) es amable y habla poco.

b) Mi compañero(a) es estudioso(a) y __________

c) No tengo, vivo solo(a) en __________

3. ¿Cuáles serían las ventajas de vivir en el dormitorio?

a) Estaría muy cerca de los salones de clase.

b) Podría dormir un poco más, por las mañanas.

c) Sería más barato, ya que mi familia vive lejos de Seúl.

4. ¿Cuáles serían las ventajas de vivir con la familia?

a) Hablaría más con mis padres y mi(s) hermano(s).

b) Podría (할 수 있다) desayunar y cenar buena comida.

c) Mi mamá me levantaría y lavaría mi ropa.

5. ¿Qué ventajas tendría vivir fuera de casa?

a) Podría ser más responsable de mis acciones.

b) Ayudaría a mis padres ahorrando gastos (아껴 쓰다).

6. ¿Qué desventajas tendría vivir fuera de casa?

a) Tendría que (해야 할 것이다) limpiar mi cuarto y lavar mi ropa, yo mismo(a).

b) Tendría que ___________

7. ¿Qué desventajas tendría vivir en el dormitorio?

a) No podría escoger (고르다) a mi compañero(a) de habitación.

b) Tendría poco espacio (작은 공간) para mis cosas y ___________

Intermedio

8. ¿Preferirías vivir en casa con tu familia o fuera de casa?

a) Preferiría (원하다) vivir en casa con mi familia.

b) Preferiría vivir fuera de casa.

***Pregunta a TODOS tus compañeros**

1) Mi compañero(a) _________ preferiría vivir en casa con la familia y yo también.

2) Mi compañero(a) _________ piensa que sería mejor vivir fuera de casa y yo también.

9. ¿Te gustaría rentar un piso amueblado (가구가 있는 집) o vacío?

a) Me gustaría una habitación amueblada, creo que sería más cómoda.

b) Preferiría un cuarto vacío para poner mis cosas.

c) Me gustaría un piso semiamueblado (최소한의 가구가 있는), con cocina y lavadora.

rentar un cuarto = rentar una habitación = rentar un piso

10. ¿A qué hora te duermes (잠자다), por lo general?

a) Me gusta dormir temprano (일찍), antes de las ___________

b) Me gusta dormir tarde (늦게), después de las ___________

***Encuentra a un(a) compañero(a) que tenga igual respuesta**

1) Mi compañero(a) ________ se duerme a las ________, aproximadamente, y yo también.

11. ¿A qué hora te levantas (일어나다), generalmente?

a) Siempre me levanto temprano, antes de las __________. Podría levantarme más tarde, pero __________

b) Siempre me levanto tarde, después de las __________. Podría levantarme más temprano, pero __________

c) Sería difícil decir exactamente, más o menos a las __________

DISCUSIÓN
3

En equipo, preparar algunas ideas sobre el siguiente tema

**Preparar juntos las respuestas, todos deben hablar*

Tema de discusión

"¿Cómo convencer a tus padres para que te renten un piso?"

Rentar / Alquilar un piso

Hay estudiantes que quieren más libertad e independencia, por eso prefieren un piso compartido o una habitación fuera de la universidad. Los estudiantes piensan que vivirían más tranquilos y que pronto se acostumbrarían a las tareas domésticas. También, que podrían ser más responsables de su vida.

Pero no todos los padres de familia están convencidos de que sea bueno. Muchos padres piensan que sus hijos estudiarían mejor con el apoyo de la familia y que gozarían de más tranquilidad y de mejores cuidados viviendo en el hogar.

1) Nuestro equipo piensa que debemos decir a nuestros padres tres razones principales:

- Nosotros ______________________________

- Que nosotros ______________________________

- Y que ______________________________

2) ¿Cuáles serían las razones de nuestros padres para no rentarnos un piso?

- Ellos dirían que ______________________________

- Y que ______________________________

- Además de que ______________________________

Tema
04 Las fiestas

**La negación*

En español, la **negación** se forma con adverbios, adjetivos y conjunciones que niegan algún hecho o información. Entre los principales están: **no, ni, nunca, nada, jamás, tampoco, nadie, ninguno**. La **negación** en español es **doble** (*¿**No** tienes calor? **No, no** tengo calor*). En cambio, en coreano se respondería afirmando (*¿**No** tienes calor? ~~Sí~~, no* tengo calor). Cuando se niega, siempre debemos enlazar otras frases con **ni** (**no** *tengo calor* **ni** *frío* **ni** *sueño* **ni** *hambre*).

Práctica gramatical

Ejercicio

Completar las frases con el adverbio de negación adecuado

1. A Pedro no le gusta ir al cine (ni / no) __________ ver películas en casa.
2. El taxista no habla francés ni yo (también / tampoco) __________
3. Hoy, (nada / nadie) __________ llegó tarde a la clase.
4. Tú y yo (nunca / ninguno) __________ hemos estado en Perú.
5. No me gusta el béisbol (no / ni) __________ el tenis.
6. Leí cuatro libros este mes, pero no me gustó (ninguno / nadie) __________
7. No tenemos sueño (ni / nada) __________ hambre.
8. Tú (jamás / nadie) __________ te equivocas.
9. Hay muchos profesores, pero no conocemos a (ninguno / tampoco) __________
10. No tengo (nada / ni) __________ mil wones para comer.

Respuestas

정답

1. ni	2. tampoco	3. nadie	4. nunca	5. ni
6. ninguno	7. ni	8. jamás	9. ninguno	10. ni

Práctica de conversación

1. ¿No te gustan las fiestas o eres fiestero(a) (파티를 좋아하는)?

a) Sí, me gustan mucho las fiestas, soy muy fiestero(a).

b) No, no me gustan las fiestas. No soy muy fiestero(a).

2. ¿Qué prefieres, dar una fiesta (파티를 열다) o ir como invitado(a)?

a) Prefiero dar una fiesta.

b) Prefiero ir como invitado(a) a una fiesta.

c) No tengo preferencia. Me gusta invitar y ser invitado(a).

3. ¿No es difícil preparar una buena fiesta?

a) No, no es difícil, lo más importante es __________ y ya.

b) Sí, creo que es difícil porque hay que preparar __________

la comida | la música | los amigos | el lugar | el ambiente | los regalos

4. ¿Cuándo fue la última vez que fuiste a una fiesta?

a) Mi última fiesta fue hace __________

un mes | una semana | un año | años | hace mucho | hace poco

5. ¿Hiciste algo especial después de tu última fiesta?

a) Después de la fiesta, mis amigos y yo fuimos a beber más.

b) Después de la fiesta, mis amigos y yo comimos *heyang-kuk* (해장국).

c) Después de la fiesta, mis amigos y yo fuimos a comer pizza.

6. ¿No te gusta quedarte hasta el final (마지막까지) de la fiesta?

a) No, prefiero retirarme pronto.

b) Sí, me gusta quedarme hasta el final, para ayudar a limpiar.

c) Sí, me gusta quedarme hasta el final, para ir con mis amigos a __________

7. ¿Celebras tu cumpleaños?

a) Sí, sí lo celebro. Preparo una fiesta e invito a mis amigos.

b) Sí, salgo a cenar con mi familia.

c) No, no hago nada en especial.

***Encontrar a UN compañero para cada respuesta**

1) Mi compañero(a) ________ prepara una fiesta con amigos y yo también.

2) Mi compañero(a) ________ sale a cenar con su familia y yo también.

3) Mi compañero(a) ________ dijo que no hacía nada especial ni yo tampoco.

Intermedio

8. ¿No te gusta el pastel (케이크)?

a) ¡Me encanta! Mi favorito es el de chocolate / el de vainilla / el de ________

b) No, no me gusta el pastel, porque no me gusta lo dulce (단것).

케이크 *Tres formas

*la tarta (España) *el pastel (México, Centroamérica) *la torta (Sudamérica)

9. ¿Qué prefieres que te regalen en tu cumpleaños?

a) No tengo preferencia, me gusta todo.

b) Me gusta que me regalen flores / ropa / muñecos / tarjetas / dinero / invitaciones a comer o a cenar /__________

10. ¿Cuál es el regalo más caro que has recibido?

a) Me invitaron a un restaurante tan elegante como el de las revistas de lujo.

b) Creo que nunca me han regalado nada tan caro.

***Pregunta a TODOS tus compañeros**

1) El regalo más caro que ha recibido mi compañero(a) ________ fue un / una ________ y yo también.

2) Solamente yo he recibido un / una ________ como el regalo más caro.

11. ¿Prefieres pasar solo(a) tu cumpleaños o no?

a) No, prefiero salir a festejar / a celebrar (축하하다).

b) Sí, prefiero quedarme solo(a) y tranquilo(a) porque ___________

DISCUSIÓN
4

En equipo, preparar algunas ideas sobre el siguiente tema

**Preparar juntos las respuestas, todos deben hablar*

Tema de discusión

"¿No se tiene que hacer fiesta cuando se casan (결혼하다), o sí?"

La boda (결혼식) en Corea

En Corea, la ceremonia de la boda es diferente de la costumbre occidental. Por ejemplo, los anillos de boda no eran tan comunes entre los coreanos. Al menos (적어도), antes no se acostumbraban (습관적으로 ...하다). En general, las bodas son rápidas, un promedio de dos horas como máximo, incluyendo una sesión de fotos de los novios con la familia y los amigos, la comida o la cena. Eso significa un gasto muy grande que se puede disfrutar en muy poco tiempo.

1) ¿Por qué algunos jóvenes ya no quieren fiesta cuando se casan?

- Porque es muy caro y ______________________________
- Porque quisieran ______________________________

2) ¿Qué piensan los padres y familiares de esta nueva tendencia?

- Los padres prefieren la fiesta para invitar a sus amigos.
- Los padres quisieran ______________________________
- Además, las familias de los novios quisieran ______________________________

Tema

05 Lo más peligroso

**Grados superlativos*

El grado **superlativo** de los adjetivos se puede formar de dos maneras.

1) Con el adverbio **muy** antes del adjetivo (***muy** fácil, **muy** difícil*).

2) Se agrega la terminación **~ísimo** al adjetivo (*facil**ísimo**, dificil**ísimo***).

Aunque no se trata de superlativo, hay una fórmula con el pronombre neutro **lo + más + adjetivo** (***lo más** hermoso, **lo más** terrible*), que indica el alto valor de algo.

Práctica gramatical

Ejercicio

Escribir el superlativo antónimo (contrario) de los adjetivos

1. facilísimo / (difícil) ___________
2. divertidísimo / (aburrido) ___________
3. delgadísima / (gorda) ___________
4. altísimo / (bajo) ___________
5. tontísimo / (inteligente) ___________
6. malísimo / (bueno) ___________
7. fortísimo / (débil) ___________
8. grandísima / (pequeña) ___________
9. carísima / (barata) ___________
10. larguísimo / (corto) ___________

Respuestas

정답

1. dificilísimo 2. aburridísimo 3. gordísima 4. bajísimo 5. inteligentísimo
6. buenísimo 7. debilísimo 8. pequeñísimo 9. baratísimo 10. cortísimo

Práctica de conversación

1. ¿Qué es lo que más cuidas de tus cosas?

a) Mi computadora, porque es lo más valioso (가치 있는) que tengo.

b) Mi celular (móvil), porque es lo más valioso para mí.

c) Mi bicicleta / mi motocicleta / mi __________ es lo más valioso.

2. ¿Se te ha perdido (잃어버리다) algo, alguna vez?

a) Sí, se me perdió mi dinero / mi celular / mi mochila __________

b) No, nunca he perdido nada. ¿Y a ti?

3. ¿Piensas que Seúl es una ciudad segura (안전한)?

a) Sí, me parece segurísima (매우 안전한). Nadie roba (훔치다) nada.

b) No, ahora no me parece tan segura. Debemos __________

***Pregunta a TODOS tus compañeros**

1) Mi compañero(a) ________ cree que Seúl es una ciudad segurísima y yo también.

2) Mi compañero(a) ________ y yo creemos que Seúl ya no es una ciudad tan segura.

4. ¿Alguna vez has encontrado algo perdido que no era tuyo?

a) No, nunca he encontrado nada. Soy despistadísimo(a) (매우 덜렁거리다).

b) Sí, varias veces, siempre camino muy atento(a) (집중력 있는), he encontrado cosas, por ejemplo __________

5. ¿En dónde prefieres guardar tu dinero?

a) Prefiero guardar mi dinero en un buen banco.

b) Prefiero guardarlo en mi comodísima (매우 편안한) billetera (지갑).

c) Prefiero guardarlo en el lugar más seguro posible.

6. ¿Te ha ocurrido algún pequeño accidente?

a) Sí, una vez, en mi casa me caí (넘어지다) y me lastimé (다치다) muchísimo.

b) Sí, una vez, en la calle me golpeó (때리다) una bicicleta / un __________

c) Sí, una vez, en __________

7. ¿En dónde pueden ocurrir más los accidentes?

a) Pienso que en la casa, porque hay lugares más peligrosos, por ejemplo, __________

b) Pienso que en la universidad, porque hay lugares más peligrosos, por ejemplo, __________

c) Pienso que en la calle, porque __________

8. ¿Qué es lo más atrevido (가장 대담했던 것) que has hecho en tu vida?

a) __________ es lo más atrevido que he hecho en mi vida; fue facilísimo y muy emocionante (감격적인).

b) __________ es lo más atrevido que he hecho en mi vida; fue muy terrible y durísimo (어려운).

saltar al vacío (*bungee jumping*)	beber hasta caer dormido
cruzar un río nadando	viajar solo(a) por ...
hacerme un tatuaje (문신)	participar en ...

9. ¿Se puede caminar y ver el celular al mismo tiempo?

a) Sí, muchos lo hacen, aunque es peligrosísimo (매우 위험한).

b) No, porque es peligrosísimo, por ejemplo: __________

***Pregunta a TODOS tus compañeros**

1) Mi compañero(a) __________ y yo pensamos que no se debe caminar viendo el celular, porque sería facilísimo (매우 쉬운) que ocurriera un accidente.

2) Mi compañero(a) __________ y yo pensamos que no hay problema. Es normalísimo (매우 정상적인) y todos lo hacen.

10. ¿Los celulares pueden causar pequeños o muy graves accidentes?

a) Creo que los celulares pueden causar pequeñísimos (매우 작은) accidentes, por ejemplo __________

b) Creo que pueden causar gravísimos (매우 심각한) accidentes, por ejemplo __________

DISCUSIÓN
5

En equipo, preparar algunas ideas sobre el siguiente tema

**Preparar juntos las respuestas, todos deben hablar*

Tema de discusión

"Los peligros de las cámaras ocultas y de las *selfies*"

Usos peligrosos de las cámaras

En los últimos años, se ha presentado el problema de las cámaras ocultas ilegales en lugares donde grababan escenas íntimas de las personas, por ejemplo, en los baños públicos. Hubo muchísimos casos en que las autoridades descubrieron cámaras ilegales. La gente se sentía incomodísima cuando tenía que usar un sanitario público porque tenía miedo.

Otro problema con las cámaras es la moda de tomarse fotos (*selfies*) en lugares peligrosísimos. En las redes sociales, se encuentran muchísimas fotos donde se ve que las personas pusieron en peligro su vida para tomarse a sí mismos esas fotografías.

1) ¿Dónde hay peligro de encontrar cámaras ocultas?

- Podría haber cámaras ocultas en ______________________

2) ¿Cómo pueden evitarse las cámaras ocultas?

- Pensamos que las personas deben revisar ______________________
- Pensamos que la Policía debe ______________________

3) ¿Qué piensan de las *selfies* que se toman en lugares peligrosísimos que hasta arriesgan la vida?

- Las fotos *selfies* son peligrosísimas en algunos lugares, por ejemplo, ________ _____ y pensamos que esas personas ______________________________

en edificios muy altos　en algunas montañas　en algunos lugares del mar
en algunos puentes (대교)　con animales peligrosos

Tema 06

La puntualidad

**Locuciones adverbiales*

Las **locuciones adverbiales** se forman con dos o más palabras que funcionan como un **adverbio**. Por eso, no se pueden traducir palabra por palabra, sino como una **frase invariable**.

Entre las locuciones más usuales están:
de veras (사실은), ***en verdad*** (사실은), ***como si nada*** (아무것도 아닌 것처럼), ***en fin*** (결국), ***echar de menos*** *a alguien* (보고 싶다), ***echar de menos*** *algo* (...하는 것을 그리워하다), ***de vez en cuando*** (가끔씩), ***sin falta*** (꼭), ***de repente*** (갑자기), ***hoy en día*** (오늘날), ***al instante*** (순간적으로), ***al menos*** (적어도), ***tal vez*** (아마도, 혹시), ***por supuesto*** (물론), ***sin duda*** (의심할 것 없이), ***desde luego*** (물론), ***de ninguna manera*** (절대로[...아니다]), ***gracias a*** (덕분에).

**Los ejemplos de locuciones adverbiales están en cursivas.*

Práctica gramatical

Ejercicio 1

Completar la conversación telefónica con las locuciones

En verdad　　echo de menos　　Por supuesto　　sin falta　　al menos

Luis: ¡Hola, Gloria! ¿Cómo estás? Soy Luis. ¿Me has extrañado?
Gloria: ¡Hola, Luis, qué alegría! 1. __________ que te echo de menos...
Luis: 2. ¿__________?, yo también te 3. __________
Gloria: Pero casi no me llamas, deberías llamar 4. __________ una vez al mes, todos me preguntan por ti.
Luis: Lo siento mucho, te prometo que desde ahora te llamaré 5. __________ cada semana.

Respuestas

정답 | 1. Por supuesto 2. En verdad 3. echo de menos 4. al menos 5. sin falta

Ejercicio 2

Completar las frases con las locuciones

Tal vez   gracias a   En verdad   Sin duda   de repente

A: ¿Cómo fue la cosecha (추수) de manzanas (사과) de este año?

B: Primero, tuve problemas por falta de agua, pero 1. __________ comenzó a llover y 2. __________ a la lluvia obtuve una buena cosecha (추수).

A: 3. __________, tendrás una buena venta. 4. __________ yo pueda recomendarte con mi amigo que tiene un supermercado.

B: 5. ¿__________? ¡Muchísimas gracias!

Respuestas

정답 | 5. En verdad 4. Tal vez 3. Sin duda 2. gracias a 1. de repente

Práctica de conversación

1. ¿Alguna vez te has dormido en el metro y te has pasado de estación?

a) Sí, *de vez en cuando* (가끔씩) me duermo en el metro y me paso.

b) No, *en verdad* (사실은), nunca me duermo en el metro, porque __________

2. ¿Cuántos años tenías la primera vez que viajaste solo(a)?

a) *Tal vez*, tenía __________ años la primera vez que viajé solo(a).

b) Cuando estaba en la (escuela) secundaria, viajé solo(a) por primera vez.

el bachillerato / la preparatoria (고등학교)
la secundaria (중학교)
el jardín de niños (유치원)
la primaria (초등학교)

3. ¿Quiénes son más puntuales, los niños, los adolescentes o los adultos?

a) Pienso que, *tal vez*, los __________ son más puntuales que los demás.

4. ¿Has perdido el tren, el autobús o el avión por llegar tarde?

a) Sí, una vez perdí el __________ por llegar tarde. Pero *gracias a* la señorita del mostrador (카운터), pude recuperar (회복하다) otro pasaje.

b) No, nunca he llegado tarde cuando viajo. *En verdad*, siempre llego, *al menos*, quince (15) minutos antes.

5. ¿Qué no has hecho nunca?

a) *De veras*, nunca he bebido tequila.

b) *En verdad*, nunca __________

Nunca he tomado jugo de mango.
Nunca he comido carne de perro.
Nunca he conducido un avión.
Nunca he bailado en la calle.

6. ¿Adónde piensas que nunca se debería llegar tarde?

a) *De ninguna manera* se debería llegar tarde a __________

b) *Hoy en día*, es importantísimo ser puntual en __________

7. Además de estudiar, ¿haces otra actividad?

a) No, *hoy en día*, solamente estudio.

b) Sí, además de estudiar, *de vez en cuando* doy clases particulares.

trabajo en mis horas libres
trabajo como asistente
practico muchos deportes
juego (al) fútbol-futbol / tenis

8. ¿Te gusta ser puntual en todas tus actividades?

a) Sí, soy muy puntual, también en las citas informales (사적인 약속), pero *de repente* puedo fallar, por ejemplo, cuando __________

b) No, casi siempre llego tarde a todas partes. *En fin* (결국), soy terriblemente (최악으로) impuntual (시간을 엄수하지 않은).

c) Depende, si la cita es formal *desde luego* que soy puntual.

9. ¿Te molesta la gente impuntual?

a) Sí, me molesta muchísimo y me siento mal *al instante*.

b) No me molesta, *en verdad*, tengo mucha paciencia (인내).

***Pregunta a TODOS tus compañeros**

1) A mi compañero ________ le molesta la gente impuntual y a mí también.

2) A mi compañero ________ no le molesta la gente impuntual ni a mí tampoco.

10. ¿Qué haces cuando llegas tarde a alguna cita o a la clase?

a) Me disculpo *por supuesto*, aunque sienta vergüenza (부끄러움).

b) Llamo por teléfono *al menos*, para que me esperen.

c) *Tal vez*, no les importa si llego tarde.

DISCUSIÓN
6

En equipo, preparar algunas ideas sobre el siguiente tema

**Preparar juntos las respuestas, todos deben hablar*

Tema de discusión

"¿Por qué es tan importante la puntualidad?"

El problema de la puntualidad en las ciudades

Hoy en día, en las grandes ciudades, es frecuente que las empresas entren a trabajar a las 8:00 de la mañana, que las escuelas a las 8:30 o 9:00, que los comercios abran a las 10:00, etc. Y todos terminan a las 6:00 p. m. *En fin*, esta concentración de horarios hace que todos se muevan para entrar o salir, al mismo tiempo. *Sin duda*, la gente se cansa más por el estrés del tiempo y por el tráfico. *Por supuesto*, el gobierno y las empresas deberían implementar medidas, *tal vez* organizar los horarios *de manera que* se pueda reducir la concentración de personas a las mismas horas.

1) ¿Cuáles serían algunas justificaciones para no ser puntual?

- A veces, no se puede ser puntual porque ______________________________
- También, *tal vez* porque ____

2) ¿Ser puntual es un problema o una cualidad de las personas?

- Pensamos que ser puntual sí es un problema, porque ____________________
- Ser puntual no es un problema, porque ________________________________

Tema
07 Planes de viaje

**Comparativos*

El **comparativo** es una fórmula que se usa para destacar una frase de otra.

Las fórmulas más comunes son **más que** y **menos que**. Se usan también combinaciones con adjetivos y sustantivos: **más / menos** + *adjetivo* + **que** (***más*** *alto* ***que***, ***menos*** *cansado* ***que***) y **más / menos** + *sustantivo* + **que** (***más*** *meses* ***que***, ***menos*** *libros* ***que***). Para indicar igualdad **tanto** (**tan**) + *sustantivo* + ***como*** (***tan*** *blanca* ***como***). Y tenemos también los adjetivos comparativos: **mejor, peor, mayor, menor.**

Intermedio

Práctica gramatical

Ejercicio

Escribir una frase comparando los siguientes datos

1. Ana tiene 20 años. / Juan tiene 25 años.
   Ana tiene menos años que Juan ____________________
2. El libro cuesta 170 pesos. / El cuaderno cuesta 30 pesos.
   El libro cuesta ____________________
3. José mide 1.70. / Fernando mide 1.92.
   José mide ____________________
4. Carlos tiene mucho dinero. / Rafael tiene poco dinero.
   Carlos tiene ____________________
5. México es un país muy hermoso. / Corea es muy hermoso.
   México es ____________________
6. Las cremas coreanas son caras. / Las cremas francesas son muy caras.
   Las cremas coreanas son ____________________

7. En Rusia hace poco calor. / En Cuba hace mucho calor.

   En Rusia hace ______________________________

8. Yo tengo 2 computadoras. / José tiene 2 computadoras.

   Yo tengo ______________________________

9. Ana es buena estudiante. / Tú eres excelente estudiante.

   Ana es ______________________________

10. Mis padres tienen mucho tiempo para pasear. / Yo no tengo mucho tiempo para pasear.

   Mis padres tienen ______________________________

Respuestas

정답

1. menos años que	2. más que	3. menos que
4. más dinero que	5. tan hermoso como	6. menos caras que
7. menos calor que	8. tantas computadoras como	
9. menos estudiosa que tú	10. más tiempo que yo	

Práctica de conversación

1. Cuando viajas, ¿quién paga tus gastos?

a) Yo mismo(a), trabajo para ahorrar, así es mejor.

b) Lo mejor es que mis padres paguen una parte y yo otra.

2. ¿Cómo reservas tus boletos (billetes) para viajar?

a) Por Internet, porque son más baratos que en la agencia.

b) Prefiero comprarlos en una agencia, porque son más seguros que por Internet.

c) Si es un viaje corto, es mejor comprarlos directamente en la ventanilla (프로그램 창) que por Internet.

3. ¿En qué clase te gustaría viajar?

a) Me gustaría viajar en primera clase, pero no tengo tanto dinero como para pagar el boleto / el billete.

b) Prefiero la clase económica, no me importan tanto los lujos.

c) En autobús, prefiero viajar en primera clase porque no es tan caro.

4. Viajar solo(a) o acompañado(a), ¿cuál es tu mejor opción?

a) Lo mejor para mí es viajar solo(a), con mi propio plan.

b) Lo mejor es viajar con mi familia, porque __________

c) La mejor opción es viajar con mis amigos, porque __________

5. ¿De los idiomas que sabes hablar, cuál es el más fácil (쉬운)?

a) Hablo _3_ idiomas: __________, __________ y __________, pero el español es más fácil que todos, después del coreano.

6. ¿Qué otro idioma te gustaría aprender para viajar?

a) Me gustaría aprender a hablar guaraní para viajar a Paraguay.

guaraní francés alemán ruso italiano chino árabe portugués

***Pregunta a TODOS tus compañeros**

1) A mi compañero(a) ________ le gustaría aprender ________ y a mí también.

2) Solamente a mí me gustaría aprender ________

7. ¿Preferirías viajar dentro del país o mejor fuera de Corea?

a) Preferiría viajar dentro de Corea que viajar fuera, para conocer primero mi país.

b) Me gustaría más viajar al extranjero, para __________

8. ¿A qué lugar fuera de Corea te gustaría viajar?

a) Me gustaría / Quisiera viajar a __________. Estoy ahorrando (아끼다) para ir lo más pronto posible.

b) Si tuviera mucho dinero, viajaría por todo el mundo.

9. ¿Qué te gustaría mejorar en las salas de espera del tren, de los autobuses o del aeropuerto?

a) Como hay tanto ruido, me gustaría ______________________________

b) Pondría más ______________________________

10. ¿Cómo piensas que sería más seguro viajar?

a) Pienso que sería más seguro viajar en __________

motocicleta	avión	tren	autobús	automóvil / coche

***Encontrar a un compañero que piense como tú**

1) Mi compañero(a) ________ cree que sería más seguro viajar en _________ y yo también.

DISCUSIÓN

7

En equipo, preparar algunas ideas sobre el siguiente tema

**Preparar juntos las respuestas, todos deben hablar*

Tema de discusión

"¿Viajar solo o acompañado?"

Viajar solo(a) o acompañado(a)

El número de personas que viajan solas es mayor que el número de familias o de grupos que viajan juntos, dentro y fuera del país. Tanto hombres como mujeres se atreven cada vez más a viajar solos. Viajar con otro compañero también tiene sus ventajas, como la compañía, mayor seguridad, además de que se pueden compartir los gastos. Sin embargo, la decisión de viajar solo o en grupo dependerá del carácter y de los gustos de cada persona, así como de los motivos del viaje.

1a) ¿Cuáles son las ventajas de viajar solo(a)?

- Si viajas solo(a) puedes ______________________________
- Además, viajar solo(a) te permite ______________________________

1b) ¿Cuáles son las desventajas de viajar solo(a)?

- Si viajas solo(a) no puedes ______________________________
- Además, viajar solo(a) tiene el peligro de ______________________________

2a) ¿Cuáles son las ventajas de viajar acompañado(a)?

- Si viajas acompañado(a) puedes ______________________________
- Además, viajar acompañado(a) te permite ______________________

2b) ¿Cuáles son las desventajas de viajar acompañado(a)?

- Si viajas acompañado(a) no puedes ___________________________
- Además, viajar acompañado(a) tiene el problema de ____________

Tema

08 Mis experiencias

**Pretérito perfecto compuesto*

El **pretérito perfecto compuesto** del modo **indicativo** expresa acciones realizadas en el pasado y sus consecuencias se mantienen en el presente. Esta forma verbal comprende todos los tiempos compuestos que se forman con el presente del verbo auxiliar **haber** más el **participio** del verbo conjugado (***he cantado, has vuelto** a casa, **hemos terminado** la clase, **han preparado** todo*).

Algunos participios irregulares: **visto**, **hecho**, **dicho**, **muerto**, **roto**, **abierto**, etc.

Intermedio

Práctica gramatical

Ejercicio

Completar las frases con verbos en pretérito perfecto compuesto

1. Esta semana, yo (TENER) ____________________ muchas clases.
2. Este año (LLOVER) ____________________ más que el año pasado.
3. Nosotros nunca (VIAJAR) ____________________ a Perú.
4. Lidia y tú (TOMAR) ____________________ la clase de gramática dos veces.
5. Ustedes todavía no (VER) ____________________ la nueva película.
6. Los muchachos ya (DECIR) ____________________ toda la verdad.
7. Tú (ESTUDIAR) ____________________ mucho este año.
8. Yo (DECIDIR) ____________________ que voy a estudiar la carrera de español.
9. Este año, nosotros (HACER) ____________________ poco ejercicio en el gimnasio.
10. Tu abuela (SER) ____________________ muy amable con nosotros.

Respuestas

정답

1. he tenido 2. ha llovido 3. hemos viajado 4. han tomado
5. han visto 6. han dicho 7. has estudiado 8. he decidido
9. hemos hecho 10. ha sido

Práctica de conversación

1. ¿Has vivido o estudiado en el extranjero?

a) Sí, viví en __________ durante __________ años.

b) Sí, estudié en __________ por __________ año(s).

c) No, nunca he vivido ni he estudiado en el extranjero.

2. ¿Has estado en alguna manifestación (시위, 데모)?

a) Sí, estuve en una manifestación en contra de __________

b) No, nunca he participado en manifestaciones.

3. ¿Has sido voluntario (자원봉사자) en algún lugar?

a) Sí, fui voluntario en __________

b) No, nunca he trabajado como voluntario, pero __________

***Pregunta a TODOS tus compañeros**

1) Mi compañero(a) ________ ha sido voluntario(a) en ________ Yo también trabajé como voluntario(a), pero en ________

2) Ni mi compañero(a) ________ ni yo hemos sido voluntarios nunca.

4. ¿Has visitado algún lugar exótico (이국적인)?

a) Sí, comí en un restaurante exótico de __________

b) No, no he visitado ningún lugar exótico.

5. ¿Has comido algo exótico?

a) Sí, comí __________, en __________

b) No, no he comido nada exótico, me daría miedo.

6. ¿Has sufrido por la comida durante tus viajes?

a) Sí, he pasado hambre (배고픔) porque no me gusta la comida extraña.

b) No tanto porque yo como muy poco cuando viajo.

c) No, nunca he sufrido, como igual que siempre.

7. ¿Tomas taxi a menudo (자주)?

a) Sí, no me gusta caminar ni andar en autobús, prefiero el taxi.

b) Antes sí, pero he pensado en hacer ejercicio y ahora camino.

c) No, casi nunca tomo taxi. He hecho el propósito de ahorrar.

***Pregunta a TODOS tus compañeros**

1) Mi compañero(a) ________ toma taxi a menudo, como yo.

2) Mi compañero(a) ________ casi nunca toma taxi, como yo.

8. ¿Has tenido alguna mala experiencia en el transporte público?

a) Sí, una vez __________

b) No, no he tenido ninguna mala experiencia.

9. ¿Qué piensas de las dietas?

a) Creo que es importante respetar una dieta para estar sanos.

b) Pienso que las dietas son necesarias cuando __________

10. ¿Has estado a dieta alguna vez?

a) Sí, estuve a dieta por un tratamiento médico (치료).

b) No, nunca he estado a dieta.

11. ¿Has hecho ejercicio en estas vacaciones?

a) No, porque no me gusta hacer ejercicio.

b) Sí, he hecho ejercicio por las mañanas / por las tardes / por las noches.

c) No, pero he hecho el propósito de hacer un poco de ejercicio.

DISCUSIÓN

8

En equipo, preparar algunas ideas sobre el siguiente tema

**Preparar juntos las respuestas, todos deben hablar*

Tema de discusión

"¿Los modelos siempre han sido tan delgados?"

Se prohiben los modelos muy delgados

Varios países, como Francia, Italia, España, Israel, entre otros, han prohibido a las agencias de publicidad y de moda que exijan a sus modelos estar siempre en una talla excesivamente delgada. Para evitarlo, los gobiernos han ordenado que los modelos presenten un certificado de salud y han dicho que se aplicarán penas de cárcel (교도소) y multas de más de 50 mil euros para los responsables que violen esta ley.

1) ¿Cuáles serían las razones de que las agencias de publicidad escojan siempre a los modelos más delgados?

- Tal vez, porque los modelos muy delgados ______________________

2) ¿Influye en la gente que compra el hecho de que los modelos sean tan delgados?

- Pensamos que sí ha influido mucho, porque ______________________
- Pensamos que no ha influido tanto, porque ______________________

Tema

09 Las artes

**Verbos irregulares*

El español tiene una larga lista de **verbos irregulares**. Las razones están en su origen del latín y, a veces, del griego. Sin embargo, la mayoría (대부분) son usuales y el hablante extranjero puede aprenderlos, sin tener que estudiar la causa de su irregularidad. En este tema practicaremos algunos verbos irregulares en varios tiempos, como: *oír-**oigo***, *tocar-**toqué***, *tener-**tengo***, *ver-**vi***, *leer-**leyendo***, *ir-**yendo***, *saber-**sé***, *decir-**dijiste***, *morir-**murieron***, *distraer-**distraiga***, *dormir-**duerme***, *jugar-**juega***, *ser-**fue***, *poner-**pongo***, entre otros.

Intermedio

Práctica gramatical

Ejercicio

Completar las frases con la conjugación de estos verbos irregulares

1. Ayer, Ana y Luis (IR) __________ juntos de compras.
2. *El Quijote* (SER) __________ la mejor obra de Cervantes.
3. ¿Qué (ESTAR-LEER) __________ ahora?
4. No (SABER) __________ qué me pasa en estos días.
5. En esta clase, yo (PONER) __________ mucha atención porque es difícil.
6. Nuestro equipo siempre (JUGAR) __________ muy bien, ¡es el mejor!
7. La Madre Teresa y Diana de Gales (MORIR) __________ en 1997.
8. Yo (TENER) __________ 24 años.
9. Mis padres siempre (DORMIR) __________ la siesta a las 3:00.
10. Ayer, tú (DECIR) __________ que iríamos juntos al cine hoy.

Respuestas

정답

1. fueron	2. es	3. estás leyendo	4. sé	5. pongo
6. juega	7. murieron	8. tengo	9. duermen	10. dijiste

Práctica de conversación

1. ¿Cuándo te gusta oír música?

a) *Oigo* música siempre, cuando estudio, cuando __________

b) Solamente *oigo* música cuando __________

c) Casi no *oigo* música, porque __________

2. ¿Cuáles son tus lecturas favoritas?

a) Disfruto *leyendo* libros de __________ / revistas de __________

b) ¡Todas! Estoy *yendo* a la biblioteca todos los días porque me encanta leer.

c) No soy buen(a) lector(a), *leo* solo para estudiar.

3. Cuando eras pequeño(a), ¿qué instrumento tocabas?

a) Cuando era niño(a), aprendí y *toqué* __________ por varios años.

el piano　la flauta　el violín　el tambor tradicional
la trompeta　el bajo

4. ¿Qué exposiciones (전시) de arte (예술) has visto?

a) He *visto* varias exposiciones de pintura moderna.

b) He *visto* exposiciones de cerámica antigua / moderna.

c) He *visto* exposiciones de __________

5. ¿Qué arte marcial (무술) practicabas cuando eras niño(a)?

a) Cuando era niño(a) aprendí __________

b) No *practiqué* ningún arte marcial cuando era niño(a).

taekwondo *sirum* (씨름) judo *hapkido* kendo (검도) karate

6. ¿Qué plato coreano sabes preparar?

a) *Sé* preparar __________ y __________

b) Solamente *sé* preparar __________

c) No *sé* preparar nada, no *soy* buen(a) cocinero(a).

7. ¿Qué tipo de teatro te gustaría ver?

a) Me gustaría ver una comedia, cuando me *río* (웃다) me siento muy bien.

b) Me gustaría ver una tragedia donde *muera* (죽다) el protagonista.

c) De cualquier tipo, lo importante es que me *distraiga* (탈피하다) un rato.

8. ¿Has visto alguna buena película en estos días?

a) No, no he podido ir al cine, en cuanto *pueda*, quisiera ver __________

b) *Vi* una buena película, pero no te la *cuento* (얘기해 주다) para que la veas.

9. ¿Qué tipo de arquitectura (건축) prefieres?

a) Prefiero la arquitectura que *pruebe* formas atrevidas.

b) Prefiero la arquitectura clásica, que *juegue* con los espacios.

c) *Sueño* con tener una casa de arquitectura tradicional coreana.

10. ¿Qué tipo de arte te atrae (끌어들이다) menos?

a) A mí, el / la / los / las __________ me *duerme(n)*.

b) Si *puedo*, evito ir a exposiciones de __________ (SIN ARTÍCULO).

c) Con todas las artes *siento* algo especial porque *soy* sensible (민감한).

la música la pintura el teatro la literatura la escultura
la danza la arquitectura el cine la gastronomía (comida-cocinar)

DISCUSIÓN

9

En equipo, preparar algunas ideas sobre el siguiente tema

**Preparar juntos las respuestas, todos deben hablar*

Tema de discusión

"¿Libertad de expresión significa que tenemos la libertad de decir cualquier cosa?"

Libertad de expresión

La libertad de expresión (언론의 자유) es esencial para la democracia, para el desarrollo de la personalidad, para el diálogo entre individuos y entre las naciones. La libertad de expresión es un derecho universal. Todos tienen derecho a mostrar sus puntos de vista. Especialmente, algunas artes, como el cine, la pintura y la literatura, pueden expresar críticas a la sociedad y a la política.

1) ¿La libertad de expresión nos permite decir todo lo que deseamos?

- Pensamos que sí, la libertad de expresión es ______________________________
- Pensamos que no, porque ____

2) ¿Tiene límites la libertad de expresión entre amigos y conocidos?

- Entre amigos, no podemos decir todo, porque ___________________________
- Entre amigos, sí debemos decir todo, porque ____________________________
- Entre conocidos, como la familia, por ejemplo, la libertad ________________

Tema
10 Comidas típicas

**Presente de subjuntivo*

El **presente de subjuntivo** es el tiempo verbal que sirve para expresar **probabilidad** (*tal vez **regrese** temprano*); un **deseo** (*que **descanses***); pero también en oraciones subordinadas que indican **duda** (*no sé si **acepte** mi ayuda*), **peticiones a los mayores** (*cierre la puerta al salir*), **consejos** (*le recomiendo que cuando **hable** no **discuta***), etc.

Cada país tiene sus **comidas típicas** que son parte importante de la cultura. Hoy en día, la relación entre los países se ha hecho más intensa empezando por la comida que se ofrece como una muestra de la riqueza cultural de las naciones.

Intermedio

Práctica gramatical

Ejercicio

Completar el ejercicio con presente de subjuntivo

1. Espero que tú (TENER) __________ buen fin de semana.
2. Deseo que su familia y usted (PASAR) __________ una feliz Navidad.
3. Es muy probable que yo no (IR) __________ a tu casa.
4. Les recomiendo que (PRACTICAR) __________ mucho español.
5. Tal vez, Juan (LLEGAR) __________ tarde a la clase hoy.
6. Ojalá que todos (ENCONTRAR) __________ un hotel bueno y barato.
7. Espero que usted (REGRESAR) __________ pronto a casa.
8. Deseamos que Corea (GANAR) __________ el Mundial de fútbol.
9. Es posible que el profesor no (VENIR) __________ a la universidad.
10. Buenas noches, Alicia, que (DESCANSAR) __________, ¡hasta mañana!

Respuestas

정답				
10. descanses	9. venga	8. gane	7. regrese	6. encuentren
5. llegue	4. practiquen	3. vaya	2. pasen	1. tengas

Práctica de conversación

1. ¿Te gusta la comida extranjera?

a) ¡Sí, me encanta! Cuando *tenga* dinero, te invito y vamos juntos(as).

b) Quisiera probar (맛보다) comida extranjera, siempre que *pueda*.

2. ¿Compras comida de importación (수입)?

a) Sí, te recomiendo que *aproveches* las promociones (할인) de Internet.

b) Pocas veces, tal vez *compre* algo este mes.

3. ¿Qué comida extranjera me recomendarías (추천하다)?

a) Cuando *vayas* a __________, debes probar (맛을 보다) __________

b) En Seúl, hay un restaurante __________ muy bueno, ve cuando *puedas*.
(peruano / mexicano / etc.)

4. ¿No te gusta la comida enchilosa (매우 매운)?

a) Sí, me gusta mucho. De hecho, como todo lo que *tenga* chile.

b) No, no me gusta el chile porque __________

***Pregunta a TODOS tus compañeros**

1) A mi compañero(a) ________ le gusta la comida enchilosa y a mí también.

2) Mi compañero(a) ________ no come nada con chile ni yo tampoco.

5. ¿Te gusta aventurarte (모험을 하는) a comer nuevas cosas?

a) Sí, cuando *pueda* viajar por todo el mundo, probaré todos los platos típicos.

b) No, mi estómago (배) es muy delicado y no sé si *acepte* esa aventura (모험).

6. ¿Sabes preparar alguna comida extranjera?

a) No sé, pero quisiera aprender a preparar ________

b) Sí, sé preparar ________, cuando se *puede* la preparo.

***Pregunta a TODOS tus compañeros**

1) Mi compañero(a) ________ sabe preparar ________ y yo también.

2) Mi compañero(a) ________ no sabe preparar ninguna comida extranjera, ni yo tampoco.

7. ¿Cuál es la fruta extranjera más cara (더 비싼) que has comido?

a) La fruta de importación más cara que he comido es el / la ________

b) Esta semana, ninguna. Pero cuando *haya* oportunidad, me gustaría comer un / una ________

el melón (멜론) la toronja (자몽) la piña (파인애플)
la naranja (오렌지) el mango

8. ¿Por qué está prohibido llevar comida en las maletas (캐리어)?

a) Tal vez *sea* porque podrían llevar bacterias a otros países.

b) Es posible que *dependa* (...에 따라서) del tipo de comida.

9. ¿Te gustaría probar bebidas extranjeras?

a) Sí, siempre que *haya* oportunidad, lo haré.

b) No, temo (무서워하다) que *sean* demasiado fuertes y que *pueda* perder la conciencia (양심).

10. ¿Cuál recomendarías como la comida típica de Corea?

a) No sé si *sea* la más típica, pero yo recomendaría ________

DISCUSIÓN

10

En equipo, preparar algunas ideas sobre el siguiente tema

**Preparar juntos las respuestas, todos deben hablar*

Tema de discusión

"¿Por qué mucha gente prefiere los grandes supermercados en vez de comprar en los mercados tradicionales?"

Proteger los mercados tradicionales

El gobierno de Corea ha prohibido abrir los segundos (2.°) y cuartos (4.°) domingos de cada mes a los grandes supermercados, como una medida que *proteja* los mercados tradicionales. ¿Realmente funciona? Por otra parte, Corea tiene el primer lugar en el consumo en grandes supermercados transnacionales, como *Cotsco*, adonde la gente acude para comprar por enormes cantidades.

1) ¿Conviene comprar en mercados pequeños o en supermercados?

- Pensamos que conviene más __________, porque ______________________

2) Los mercados tradicionales en Corea, ¿tienen muchos o pocos clientes?

- En general, la gente ____

3) Los pequeños negocios familiares que venden en los mercados tradicionales, ¿están en peligro por las ventas de los grandes supermercados?

- Pensamos que (no / sí), porque ____________________________________

Tema 11

Los regalos

**Artículos determinados e indeterminados*

Los **artículos determinados** e **indeterminados** acompañan a los sustantivos para marcar los límites de la extensión de su significado.

Los **determinados** pueden sustantivar cualquier palabra (***el*** *bien,* ***el*** *mal,* ***el*** *ocho,* ***la*** *"f"*); indican **información conocida** para los que hablan (*dame* ***las*** *llaves*); **cosas únicas** (***el*** *sol,* ***la*** *luna*), refieren la **totalidad de algo** (*prefiero* ***las*** *flores rojas,* ***los*** *periodistas*), etc.

Los **indeterminados** indican **información desconocida** para alguno de los que hablan (*fui a ver* ***una*** *obra de teatro, le regalé* ***un*** *perrito, compré* ***unos*** *zapatos*); se usa con el verbo **haber** (***hay una*** *promoción,* ***hay un*** *problema*), para dar **énfasis** (*hace* ***un*** *calor terrible,* ***un*** *fuerte abrazo*), etc.

Práctica gramatical

Ejercicio

Escoger el artículo determinado o indeterminado, como corresponda

1. (El / Un) ___________ profesor Luis Mendoza estudió en Colombia.
2. Hay (el / un) ___________ proyector en el aula.
3. Prefiero (las / unas) ___________ flores naturales rojas que vimos ayer.
4. Deseo encontrar (la / una) ___________ habitación que sea cómoda y barata.
5. (Las / Unas) ___________ dos hermanas de Pedro viven en Argentina.
6. Hay (la / una) ___________ piscina en el club universitario.
7. (El / Un) ___________ presidente de Corea vive en la Casa Azul.
8. Tengo (los / unos) ___________ amigos que viven en Buenos Aires.
9. (El / Un) ___________ metro de Seúl es muy eficiente.
10. Hay (la / una) ___________ montaña al lado de mi casa.

Respuestas

정답				
1. El	2. un	3. las	4. una	5. Las
6. una	7. El	8. unos	9. El	10. una

Práctica de conversación

1. ¿Acostumbras (습관적으로 ...하다) regalar algo caro o algo sencillo?

a) Creo que es mejor un regalo (선물) caro, porque ___________

b) Creo que un regalo sencillo es mejor, porque ___________

c) Escojo el regalo según la persona, caro o sencillo, porque ___________

2. ¿Qué te gusta regalarle a tus papás?

a) Un fuerte abrazo (포옹).

b) Mis buenas calificaciones (좋은 성적).

c) Un ramo de flores (꽃).

3. ¿Cuáles flores son tus favoritas?

a) Me gustan los claveles (카네이션) / las rosas (장미) / las margaritas (데이지) / las orquídeas (난초) / las ___________

b) Me gustan todas las flores.

c) No me gustan las flores, porque soy alérgico(a) (알레르기가 있다).

4. ¿Has regalado flores alguna vez?

a) Sí, cuando terminé la primaria (초등학교) y la secundaria (중등학교), le regalé flores a mi profesor(a).

b) Sí, el día de ___________ le regalé flores a ___________

c) No, nunca he regalado flores, prefiero dar un / una ___________

5. ¿Acostumbras invitar a comer a tus amigos?

a) Me gusta invitarlos a comer carne (고기) asada (구운) (asar: 굽다).

b) Me gusta comprarles pizzas o pollo.

c) No tanto, más bien, ellos me invitan a comer o a cenar.

6. ¿Cuál sería el mejor regalo para un amigo extranjero?

a) El mejor regalo sería una cosa típica (전형적인) de Corea.

b) El mejor regalo para un amigo extranjero sería nuestra amistad.

c) El mejor regalo serían unas flores o un / una ___________

***Encuentra a alguien que piense igual que tú**

1) Mi compañero(a) ________ piensa que el mejor regalo para un amigo extranjero es un / una ________ y yo también.

7. ¿Tienes amigos extranjeros? ¿De dónde son?

a) Sí, tengo un(a) amigo(a) ruso(a) y muchos amigos españoles.

b) No tengo muchos amigos extranjeros, solo mis profesores.

8. ¿Qué te gustaría como regalo de graduación (졸업)?

a) Me gustaría recibir unas hermosas flores / una buena cena / un buen reloj (시계) / una nueva computadora / ___________

9. ¿Piensas que tienes el vicio (버릇) de comprar regalos?

a) Sí, tengo el vicio de comprar regalos por Internet.

b) Creo que no tengo el vicio de comprar, pero tengo el vicio de ___________

EL VICIO DE ______________

- de ver películas
- de jugar en la computadora
- de tomar cerveza con mis amigos
- de ver el Instagram de mis amigos

10. ¿Qué es lo que más te gustaría como regalo?

a) Me gustaría más una tarjeta que un regalo caro.

b) Las flores me encantan (매우 좋아하다), pero también un regalo sencillo.

c) Me gustan los regalos caros, como una cena en un buen lugar.

DISCUSIÓN

11

En equipo, preparar algunas ideas sobre el siguiente tema

**Preparar juntos las respuestas, todos deben hablar*

Tema de discusión

"Los regalos para los amigos y los novios"

Regalos entre novios y amigos

Además de la celebración del Día de San Valentín el 14 de febrero, en Corea se celebra el Día Blanco (*White Day*), el 14 de marzo. En la fiesta de febrero, las mujeres les entregan regalos a los hombres. Y en marzo, los hombres les dan regalos a las chicas. También está el Día del Pépero, el 11 de noviembre, cuando se acostumbra regalar palitos de galleta a los amigos por la semejanza con la fecha: 11-11. Así que no faltan ocasiones en Corea para regalarse entre novios y amigos.

1) ¿Qué tipo de regalos se pueden dar entre novios?

- En general, los novios se regalan ________________________________
- Pero es raro que se regalen ________________________________

2) ¿Qué tipo de regalos se dan entre amigos?

- En general, los amigos se regalan ________________________________
- Pero es raro que se regalen ________________________________

Tema

12 Las mascotas

**Participios irregulares* (불규칙 분사)

El **participio** de los verbos regulares se forma con las terminaciones **~ado, ido** (*hablado, vivido*). Pero el participio irregular puede terminar en **~to, cho, so** (*abierto, dicho, impreso*).

En español, hay muchos verbos que tienen **dos participios**, uno **regular** (*imprimido*) y otro **irregular** (*impreso*); en estos casos, lo usual es usar el regular para las **conjugaciones** (***hemos imprimido*** *el cartel y* ***he corregido*** *la dirección*) y el **irregular** se usa como **adjetivo** (*aquí está el cartel* ***impreso*** *y la dirección* ***correcta***).

Participios irregulares: ***cubierto***, ***abierto***, ***propuesto***, ***indispuesto***, ***hecho***, ***visto***, ***satisfecho***, ***muerto***, ***roto***, ***escrito***, ***vuelto***, ***atento***, ***estrecho***, etc.

Práctica gramatical

Ejercicio

Completar las frases con los participios irregulares

1. Ya son las diez y la biblioteca todavía no está (ABRIR) __________
2. Yo nunca he (DECIR) __________ que no te quiero.
3. Está (ROMPER) __________ el cristal de la ventana.
4. Nosotros hemos (VER) __________ esa película muchas veces.
5. Pablo Neruda ha (ESCRIBIR) __________ poemas muy bellos.
6. Nosotros nunca hemos (HACER) __________ un pastel en casa.
7. Mi hermana mayor ha (PROPONER) __________ ir a Japón de vacaciones.
8. El *rock* no ha (MORIR) __________, revive en otras formas musicales.
9. ¡Cuidado! El cuadro está (CUBRIR) __________ de polvo.
10. Mi madre fue al mercado y todavía no ha (VOLVER) __________

Respuestas

정답

1. abierta	2. dicho	3. roto	4. visto	5. escrito
6. hecho	7. propuesto	8. muerto	9. cubierto	10. vuelto

Práctica de conversación

1. ¿Cuántas habitaciones hay donde vives?

a) Hay dos habitaciones, una cocina, dos baños y un patio cubierto (베란다).

b) Dos habitaciones, una cocina, un baño y un patio abierto / cubierto.

2. ¿Tienes mascota en tu casa?

a) Sí, tengo una mascota, pero donde vivo es estrecho (좁은).

b) No, porque donde vivo es un lugar inapropiado (부적절한) para mascotas.

c) No, pero en casa de mis padres sí tenemos un __________ de mascota.

d) Bueno, de hecho, no me gustan los animales.

3. ¿Qué animal prefiere la gente como mascota?

a) Se ha dicho que "el perro es el mejor amigo del hombre".

b) Los gatos, porque no molestan (방해하다) y son muy limpios.

c) Por lo visto, la gente prefiere un perro o un gatito.

d) Por mi parte, con un __________ estaría satisfecho(a) (만족한).

***Pregunta a TODOS tus compañeros**

1) Mi compañero(a) ________ y yo preferimos los ________ como mascota.

2) La mayoría (대부분) prefiere los ________ como mascota, pero yo no.

4. Se dice que los perros son buenos guardianes (경비원), ¿qué piensas?

a) Sí, estoy de acuerdo, pero si las mascotas viven en espacios estrechos (좁은 공간), entonces ______________________

b) No creo que sean buenos guardianes, la gente los cuida (돌보다), y __________ ____________

c) Depende, si son perros entrenados su amo vivirá satisfecho, y ___________ ________

5. ¿Tenías alguna mascota cuando eras pequeño(a)?

a) Sí, tenía un perro / un gato / un pájaro / una tortuga / un pez.

b) No tenía ninguna mascota, pero me hubiera gustado tener un __________

c) No, no tenía ninguna mascota cuando era pequeño, porque __________

6. ¿En qué piso se encuentra tu habitación / tu cuarto?

a) Mi habitación / mi cuarto / mi apartamento está en el piso 12.

b) Está en el primer / en el segundo / en el tercer piso.

c) Está en el último piso (펜트하우스).

7. ¿Tienes plantas con flores en tu casa?

a) Sí, tengo plantas con muchas flores que no han abierto todavía.

b) Sí, tengo plantas pero sin flores, he visto que les falta sol.

c) No tengo plantas donde vivo, porque todo está cubierto.

8. ¿Conoces a tus vecinos (이웃), tienen mascotas?

a) Sí, mi vecino es un muchacho atento (친절한) y dispuesto (협조적인) a ayudar y no tiene mascota.

b) No, de hecho, no sé si mis vecinos son jóvenes o no. Pero no tienen mascotas, según he visto.

9. ¿Qué tipo de plantas (식물) prefieres?

a) Me gustan las plantas pequeñas y con flores.

b) Me gustan los cactus, otras plantas se han muerto por falta de sol.

c) No me gustan las plantas en casa, pero me he propuesto (결정하다) cuidar __________

10. ¿Qué tanto dinero y cuidados se le deben dar a una mascota?

a) Debe estar atendida (돌보다) sin exagerar (과장하다), con un presupuesto (예산) adecuado.

b) Me he fijado que hay personas que le dan a su mascota todo lo que está de moda.

DISCUSIÓN
12

En equipo, preparar algunas ideas sobre el siguiente tema

**Preparar juntos las respuestas, todos deben hablar*

Tema de discusión

"¿Conviene tener mascotas en casa?"

Mascotas en casa

Tener una mascota puede ser una buena compañía, pero también es una responsabilidad. Podría tener ventajas vivir con un perro, un gato, con peces o pájaros, aunque también tendríamos un problema si no sabemos cómo atenderlos o dónde dejarlos solos un tiempo largo. Lo importante es que las personas no olviden el cariño que le dan estos animales, para no abandonarlos cuando crecen demasiado o cuando se empiezan a convertir en un problema.

1) Hoy en día, ¿qué tipo de personas tienen una mascota?

- Especialmente, los ___________ tienen una mascota.

2) Ventajas y desventajas de tener mascota en casa.

- Las ventajas son ____

- Pero las desventajas son ____________________________________

3) ¿Qué responsabilidades tienen los dueños de mascotas?

- Por ejemplo, deben ____

Tema

13 Medios de transporte

**Infinitivo simple e infinitivo compuesto*

El **infinitivo** es el "nombre" del verbo y termina en **~ar**, **er-**, **ir** (**hablar**, **comer**, **vivir**). Cuando se usa solo, funciona como sustantivo (***leer** es una buena costumbre*).

El **infinitivo compuesto** se forma con el verbo **"haber"** y el **participio** del verbo deseado (*recuerdo **haber ganado** ese partido*).

El infinitivo también puede funcionar con **otros verbos** (*debe **ser**, me gustaría **conocer**, sabe **cocinar**, puedes **cantar***), etc.

Práctica gramatical

Ejercicio

Completar las frases con los verbos en infinitivo compuesto

deben llegar   sé tocar   gustaría ganar   saben andar
pudo dormir   tenemos que estudiar   puede asistir
debe ser   tengo que hacer   hay que aprobar

1. Los estudiantes ____________________ temprano a la clase.
2. Nosotros ____________________ mucho, porque tenemos un examen mañana.
3. Yo no ____________________ el piano tan bien como tú.
4. Ana no ____________________ a la clase hoy porque está enferma.
5. A mis padres y a mí nos ____________________ la lotería para ir a Hawái.
6. Me duele el estómago, ____________________ porque comí demasiado.
7. Para ser funcionario del gobierno ____________________ un examen muy difícil.

8. En vacaciones, estaré muy ocupado porque __________________ muchas cosas en casa.

9. Anoche hizo tanto calor que el bebé no __________________

10. Mis padres no __________________ en bicicleta.

Respuestas

정답

10. saben andar	9. pudo dormir	8. tengo que hacer	
7. hay que aprobar	6. debe ser	5. gustaría ganar	
4. puede asistir	3. sé tocar	2. tenemos que estudiar	1. deben llegar

Intermedio

Práctica de conversación

1. ¿Qué auto te gustaría comprar?

a) Un auto pequeño, pero deberá ser muy moderno.

b) Comprar un auto no está en mis planes, pero me gustaría uno __________

c) Un auto usado (중고), para tener un seguro (보험) económico.

2. ¿Tienes licencia / carné de conducir (운전 면허증)?

a) Sí, aunque tendría que haber practicado (연습) más.

b) Sí, tengo un pequeño auto para pasear con mi(s) __________

c) No, no tengo licencia de conducir todavía.

3. ¿Crees que sea importante saber conducir?

a) Sí, pero no solo conducir auto, también moto o bicicleta.

b) No, creo que tomar transporte público (대중교통) es mejor, porque __________

4. ¿Hay algo que no sepas hacer y que quisieras aprender?

a) No sé andar en motocicleta y me gustaría aprender.

b) No sé conducir un auto y me gustaría aprender.

c) No sé conducir un autobús y me gustaría aprender.

***Pregunta a TODOS tus compañeros**

1) A mi compañero(a) ________ le gustaría aprender a conducir un(a) ________ ____ y a mí también.

2) A mí me gustaría aprender a conducir un(a) ________ y a nadie más.

5. ¿Qué aparatos debe saber manejar (사용하다) cualquier persona?

a) Es básico manejar muy bien la computadora y el celular.

b) Es importante manejar bien la impresora (프린터), el fax y el escáner.

c) Es útil manejar bien la lavadora de ropa (세탁기) y el microondas (전자레인지).

6. ¿Cuáles son las ventajas de tener un auto?

a) Tener auto te permite llevar a tus amigos a pasear.

b) Para viajar a otras ciudades del país.

c) Cuando llueve, no tienes que mojarte (젖다) yendo (ir) a casa.

7. En vez de caminar en el campus, ¿tomas taxi o autobús?

a) Para ir a otro edificio que esté lejos, es mejor tomar el autobús.

b) De no llegar el autobús y con poco tiempo, se debe tomar taxi.

c) Caminar es mejor que tomar taxi o autobús dentro del campus.

8. ¿Cuáles son las desventajas de tener un auto?

a) Puedes chocar o tener otro tipo de accidente, además __________

b) En Seúl, es difícil encontrar estacionamiento / aparcadero (주차장).

9. Para viajar fuera de Seúl, ¿preferirías el autobús o el tren?

a) El autobús es lo mejor para viajar fuera de Seúl, porque __________

b) El tren es ideal (이상적인) para viajar fuera de Seúl, porque __________

c) De escoger entre autobús o tren, preferiría el __________

10. ¿Es importante tener algún tipo de seguro?

a) Sí, el seguro del coche y el seguro médico son básicos, para cuidar mi salud y pagar si hay algún accidente (사고).

b) Sí, el seguro médico es importante para pagar gastos médicos.

DISCUSIÓN

13

En equipo, preparar algunas ideas sobre el siguiente tema

**Preparar juntos las respuestas, todos deben hablar*

Tema de discusión

"¿Controlar el tráfico en Seúl?"

El control imposible del tráfico

Seúl tuvo un crecimiento explosivo (폭발적인) en cuanto a automóviles entre 1980 y 1990, a tal punto que sus calles parecían estar siempre paralizadas (마비되다) por el tráfico. Para disminuir el tráfico de autos en las calles, se amplió el sistema del metro y se abrieron amplias avenidas dentro de la ciudad. Sin embargo, los nuevos caminos se llenaron rápidamente de más autos. Quedó comprobado que más infraestructura (인프라) invita a que haya más coches en circulación.

1) ¿Cuáles serían algunas soluciones?

- Algunas soluciones, por parte del gobierno, serían ______________________
- Pensamos que la gente que tiene autos debe ___________________________
- Pensamos que las empresas que fabrican autos deberían __________________

Tema

14 Las redes sociales

Intermedio

**Pretérito imperfecto*

El **pretérito imperfecto** (~**aba, ía, era, iba**) indica acciones pasadas sin un tiempo preciso, con un aspecto de **repetición** y **continuidad** (*cuando **era** niño **jugaba** todo el día*). También expresa **dos acciones simultáneas** en el pasado (***esperaba** mientras **llovía***), describe una **condición mental o emocional** en el pasado (***quería** llorar, **creía** que no **estabas***), y el **tiempo** en el pasado (*¿qué hora **era** cuando llamaste?, **eran** las cinco y **éramos** los primeros*).

Práctica gramatical

Ejercicio

Completar las frases con verbos en pretérito imperfecto

1. Cuando yo (TENER) ___________ 15 años, (VIVIR) ___________ fuera de la ciudad.
2. Mi padre de joven (SER) ___________ muy guapo, (TENER) ___________ el pelo largo y (USAR) ___________ ropa muy moderna.
3. Mientras que nosotros (VER) ___________ la televisión, mis padres (PREPARAR) ___________ la cena.
4. Cuando (tú-DORMIR) ___________, tocaron la puerta.
5. ¿Ustedes (VIAJAR) ___________ mucho con su familia cuando (SER) ___________ niños?
6. Mi hermano (ESTUDIAR) ___________ matemáticas, día y noche.
7. Pedro no (ESTAR) ___________ cuando llegó María para invitarlo al cine.
8. Todas las mañanas, nosotros (DESAYUNAR) ___________ en la cafetería, cuando (SER) ___________ estudiantes.

9. Antes, (ellos-PASAR) __________ mejores programas en la televisión.

10. Hace 20 años, no (HABER) __________ tanta contaminación como ahora.

Respuestas

정답

10. había	9. pasaban	8. desayunábamos / éramos	
7. estaba	6. estudiaba	5. viajaban / eran	
4. dormías	3. veíamos / preparaban	2. era / tenía / usaba	1. tenía / vivía

Práctica de conversación

1. ¿Cuántas llamadas (전화) haces en un día?

a) Antes, hacía muchas llamadas, pero ahora 4 o 5 en un día.

b) Nunca llamo a nadie.

2. ¿Cuántos mensajes (문자) envías (보내다) al día, más o menos?

a) Muchísimos, más de __________ mensajes al día.

b) No tantos, menos de __________ en un día.

c) Hay días en que no envío ningún mensaje.

3. Más o menos, ¿cuántas llamadas recibes (받다) al día?

a) Muy pocas llamadas, 2 o 3 al día.

b) En el bachillerato (고등학교), recibía muchas llamadas, pero ahora me llama(n) solamente mi(s) __________ cada semana / cada día.

4. ¿Cuántos mensajes recibes al día, aproximadamente?

a) Muchísimos, más de __________ mensajes al día.

b) No tantos, menos de __________ en un día.

c) Hay días en que no recibo ningún mensaje.

***Pregunta a TODOS tus compañeros**

1) Mi compañero(a) ________ dijo que recibía más mensajes que los que enviaba, igual que yo.

2) Mi compañero(a) ________ dijo que enviaba más mensajes que los que recibía, igual que yo.

5. ¿Quién paga (지불하다) tu celular (móvil)?

a) Yo pagaba mi celular, pero en estos días lo paga(n) __________

b) Mis padres lo pagaban, pero ahora lo pago yo.

c) Entre mis padres y yo, es un acuerdo (약속) que tenemos desde hace tiempo.

Intermedio

6. ¿Qué otra función (기능) usas mucho en tu celular?

a) Uso mucho la cámara para tomar fotos.

b) Uso los archivos de música.

c) Uso el Internet, para ver a mis amigos y para __________

7. Antes, los niños no tenían celular, ¿crees que era bueno?

a) Sí, porque no jugaban mucho en el celular.

b) No, porque era difícil que se comunicaran a su casa.

c) No, pero se les podía haber dado un celular sin Internet (셀룰러 방식이 아닌 휴대폰).

8. ¿Estás en algunas redes sociales? ¿Cuál usas más?

a) Sí, tenía cuenta en *Instagram*, en *Facebook*, en *Twitter*, en __________. Pero cancelé __________ y solo uso __________

b) Sí, solamente tengo cuenta en __________

***Pregunta a TODOS tus compañeros**

1) Mi compañero(a) ________ tiene cuenta en ________ y en ________, y yo también.

2) Mi compañero(a) ________ y yo solamente usamos ________

9. ¿Qué ventajas ofrecían las redes sociales cuando empezaron?

a) Permitían encontrar amigos o antiguos compañeros.

b) Servían para hacer grupos de estudio.

c) Podías hacer grupos entre familia y con amigos.

10. ¿Qué peligros tienen o tenían las redes sociales?

a) Algunos podían ver tu información personal.

b) Podías recibir información inadecuada (부적절한), como violencia (폭력), sexo, etc.

c) Alguien podía mentir (거짓말하다) sobre su verdadera (진실한) identidad para ___________

DISCUSIÓN

14

En equipo, preparar algunas ideas sobre el siguiente tema

**Preparar juntos las respuestas, todos deben hablar*

Tema de discusión

"¿Son útiles las redes sociales?"

El fenómeno de las redes sociales

Nadie imaginaba que las redes sociales tendrían tanto éxito. Se han convertido en un medio para compartir información y para interactuar con personas sin importar la distancia. Son una herramienta dinámica, pero a veces nos llenan con información que no deseamos. Pueden ser divertidas y útiles. Sin embargo, tienen un aspecto afectivo muy fuerte, por la aceptación social de obtener un *like* de amigos o de gente desconocida. Y hay personas que para conseguir esa atención social hacen cosas raras y no paran de estar en las redes día y noche.

1) ¿Por qué han tenido tanto éxito las redes sociales?

- El éxito se debe a que ______________________________

- Y también, porque ______________________________

2) ¿Sería posible controlar el poder de las redes sociales?

- Pensamos que (sí / no) sería posible controlarlas, porque ______________

- Para controlar las redes sociales, se necesita que ______________

Tema 15

La tecnología

**Perífrasis verbales*

Las **perífrasis verbales** son abundantes en el español. Se forman con dos o más verbos, donde uno funciona como auxiliar: **estar + gerundio** (*estoy comiendo, estamos estudiando*); **ir + gerundio** (**va corriendo, va cantando**); **poder + infinitivo** (*pudieron hablar, pude ver*), etc.

Hay **perífrasis** que incluyen también otras palabras **tener + que + infinitivo** (*tenemos que vivir, tienes que pensar*), o una locución adverbial: **estar + a punto de + infinitivo** (*está a punto de caer, están a punto de llegar*), etc.

En América Latina se prefiere el uso de la perífrasis en lugar de un tiempo simple, como en el futuro de indicativo: **ir a + infinitivo** (*voy a trabajar, vamos a ir*), igual que *trabajaré* e *iré*.

Práctica gramatical

Ejercicio 1

Completar las frases con la perífrasis: ESTAR + gerundio

1. Luis, ¿(LEER) ________________ el libro que te regalé?
2. Me siento muy cansado, creo que (ENVEJECER) ________________
3. En este momento no podemos salir porque (TRABAJAR) ________________
4. ¿Tu hermana y tú (IR) ________________ a las clases de yoga?
5. El candidato (PROPONER) ________________ ahora sobre Economía.
6. En estos días, nosotros (HABLAR) ________________ siempre en español.

Respuestas

정답

1. estás leyendo	2. estoy envejeciendo	3. estamos trabajando
4. están yendo	5. está proponiendo	6. estamos hablando

Ejercicio 2

Completar las frases con la perífrasis: ESTAR a punto de + INFINITIVO

1. Roberto (LLEGAR) ______________________ a nuestra cita.
2. Ayer, tú y yo (CAER) ______________________ de la bicicleta.
3. El policía (MORIR) ______________________ por salvar al muchacho.
4. Nosotros (RECIBIR) ______________________ un premio.
5. Los jurados (DECIDIR) ______________________ al ganador.
6. La profesora (TERMINAR) ______________________ la clase.

Respuestas

정답

1. está a punto de llegar 2. estuvimos a punto de caer 3. estuvo a punto de morir
4. estamos a punto de recibir 5. están a punto de decidir 6. está a punto de terminar

Práctica de conversación

1. ¿Qué avance tecnológico debió sorprender (놀라다) más a los abuelos?

a) Creo que cuando pudieron hablar por teléfono mirando (보다) al otro.

b) Tal vez, cuando los trenes (기차) se conectaron (연결) con el metro (지하철).

c) Creo que fue cuando vieron caminar a un robot (로봇).

d) Pienso que ______________________

2. ¿Cuántas cosas van a desaparecer (사라지다) en el futuro?

a) Muchas, por ejemplo, el / la ___________ está a punto de (직전에 있다) de desaparecer.

b) Algunas, por ejemplo, el / la ___________ va quedando en el olvido (망각).

***Pregunta a tus compañeros y escribe 4 ejemplos**

1) Mis compañeros piensan que todo esto va a desaparecer:

________, ________, ________ y ________

3. ¿Qué es lo que más estás usando, relacionado con la tecnología?

a) Mi celular, por supuesto (물론). Pero también __________

b) Lo que más estoy usando es la tarjeta del transporte / el __________

***Pregunta a TODOS tus compañeros**

1) Además del celular, mi compañero(a) ________ está aprovechando el uso del / de la ________ y yo también.

2) Solamente yo uso ________ y nadie más.

4. ¿Cómo serán las casas en el futuro, gracias a (덕분에) la tecnología?

a) Estamos a punto de manejar todo con un clic (클릭) en un botón (버튼).

b) Las casas van a tener todos los aparatos (가전제품) para __________

5. ¿Qué otras cosas se podrían inventar (발명하다) con la tecnología?

a) Tenemos que inventar el / la __________

6. ¿Qué peligros (위험) ofrece el avance (진보) tecnológico?

a) Tenemos que controlar (통제하다) para que no se use en __________

b) Hay que hacer un reglamento (규칙) internacional para __________

c) Puede resultar negativo si lo manejan las mafias (마피아).

7. ¿Cómo serán las escuelas del futuro con la tecnología?

a) Ya no tendremos que asistir a clases, todos van a estudiar por Internet.

b) Vamos a estudiar sin necesidad de libros, todo va a estar en __________

8. ¿Qué desventajas tendría la educación por el exceso de tecnología?

a) La gente se podría olvidar de los libros impresos y de las bibliotecas.

b) Echaríamos de menos (보고 싶다) a los profesores y a los alumnos.

c) Echaríamos de menos (...하는 것을 그리워하다) la charla entre compañeros.

9. ¿Estarías a favor de usar la máxima tecnología en la educación?

a) Sí, porque hasta allá va a llegar nuestro futuro y porque __________

b) No debemos permitir que pase ciertos límites, porque __________

10. ¿Qué avance tecnológico te ha sorprendido (놀랍다) más?

a) A mí, me tiene sorprendido(a) el / la __________

DISCUSIÓN
15

En equipo, preparar algunas ideas sobre el siguiente tema

**Preparar juntos las respuestas, todos deben hablar*

Tema de discusión

"Corea, ser líder en tecnología ¿es un éxito total?"

Corea del Sur es líder en tecnología

Corea de Sur ha puesto el foco en el desarrollo a través de la educación. A esto se ha sumado la innovación tecnológica, ya que actualmente es el país más conectado del mundo, junto con Suiza, superando a países como Japón y Estados Unidos. Más del 95 por ciento de la población tiene conexión a Internet, por lo cual Corea es uno de los líderes en esta área de la tecnología.

1) ¿Cuáles son las claves de Corea como líder en tecnología?

- Las claves para el éxito en tecnología son ______________________

2) ¿Cuáles son los problemas del avance tecnológico tan acelerado?

- Algunos de los problemas, en Corea, son ______________________

Tema
16 Las costumbres

**Pretérito perfecto de subjuntivo*

El **pretérito perfecto** de **subjuntivo** es el tiempo verbal para **acciones acabadas** en el pasado (*me alegra que **hayas ganado** la beca, espero que **hayan estado** contentos*), o en el **futuro** (*tendré lista la cena cuando **hayas terminado** tu tarea, llámame cuando **hayas llegado** para recogerte*). Sus funciones son reducidas y se usa poco al hablar.

En este tiempo, el verbo auxiliar siempre está en **presente de subjuntivo** (**haya / hayas / haya / hayamos / hayan**).

Intermedio

Práctica gramatical

Ejercicio

Completar las frases con pretérito perfecto de subjuntivo

1. Vivirás en tu propia casa cuando (TERMINAR) ____________________ tu carrera.
2. Espero que ayer mis estudiantes (ESTUDIAR) ____________________ para el examen.
3. Temo que Ricardo no (RECIBIR) ____________________ mi mensaje.
4. Me alegra mucho que ustedes (GANAR) ____________________ el torneo (경기).
5. Hablaremos de la película cuando tú la (VER) ____________________ , ¿de acuerdo?
6. Espero que mis padres (DISFRUTAR) ____________________ sus vacaciones.
7. Tendremos un nuevo presidente cuando todos (VOTAR) ____________________
8. Terminaremos la clase cuando (PRESENTAR) ____________________ sus tareas.
9. Tengo miedo de que mi amiga no (APROBAR) ____________________ la

entrevista.

10. Me alegra mucho que, por fin, ustedes (LLEGAR) ____________________ sin problema.

Respuestas

정답

10. hayan llegado	9. haya aprobado	8. hayan presentado	7. hayan votado
6. hayan disfrutado	5. hayas visto	4. hayan ganado	3. haya recibido
2. hayan estudiado	1. hayas terminado		

Práctica de conversación

1. ¿Qué costumbres olvidarás cuando te hayas graduado (네가 졸업을 하면 어떤 습관을 잊겠니?)?

a) No volveré a memorizar (외우다) nada, a menos que haya necesidad (필요성).

b) Muchas, pero no las buenas costumbres, aunque haya __________

2. ¿Cuántas buenas costumbres heredaste (물려받다) de tu familia?

a) ¡Muchas! Levantarme temprano, por ejemplo, también __________

b) No creo que haya aprendido (배우다) ninguna fuera de mi familia, todas las heredé de mis padres y de mis abuelos.

3. ¿Tienes alguna manía (기벽) que hayas aprendido por tu cuenta (혼자서)?

a) Sí, no creo que nadie me haya enseñado la manía de morderme (comerme) las uñas (손톱을 깨물다) / de ver el celular a cada minuto / de __________

b) Creo que no tengo ninguna manía, a menos que no me haya dado cuenta (깨닫다).

4. ¿Qué manía tienes relacionada con las películas?

a) Tengo la manía de ver mi película favorita, aunque la haya visto muchas veces.

b) Tengo la manía de comer palomitas (팝콘) con refresco en el cine, incluso cuando haya comido muy bien.

5. ¿Cuál es tu apellido materno (어머니의)? ¿Sueles (습관적으로 ...하다) usarlo?

a) Mi apellido materno es __________. Y lo uso en mi correo electrónico (이메일).

b) El apellido de mi madre es __________. No lo uso pero me gustaría.

c) Mi apellido materno es __________. No lo uso y aunque haya aparecido la costumbre no me gustaría usarlo.

***Pregunta a TODOS tus compañeros**

1) Mi compañero(a) ________ dijo que sí usaba su apellido materno.

2) Ninguno de mis compañeros usa el apellido de su madre, ni yo tampoco.

Intermedio

6. ¿Cómo haces para estar despierto cuando estudias de noche?

a) Tomo mucho café / mucha __________ / muchos __________, aunque haya terminado de cenar.

b) Nunca estudio por las noches, por eso, espero que no haya tareas de sorpresa (놀람).

7. ¿Qué productos (cosas) acostumbras (습관적으로 ...하다) comprar por Internet?

a) Compro por Internet libros / ropa / zapatos de oferta (세일) /__________

b) Compro por Internet cremas (크림) / cosméticos (화장품) / accesorios, aunque ya haya comprado cientos de ellos.

c) No recuerdo haber comprado por Internet, a menos que hayan ofrecido (제공하다) un buen descuento.

8. ¿Prefieres estudiar con música o en silencio?

a) Tengo la costumbre de escuchar música cuando estudio, aunque haya mucho ruido (소음).

b) Suelo estudiar en silencio (침묵), por eso espero a que otros hayan terminado de hablar para estudiar.

9. ¿Piensas que los fumadores tienen derecho a fumar donde sea?

a) Sí, porque es su derecho, aunque haya quien diga lo contrario.

b) Depende del lugar, si está muy cerrado, es mejor que haya dónde fumar afuera.

c) No, porque también afectan (영향을 미치다) a los demás. Aunque se hayan realizado (이루어지다) tantos debates, yo pienso que no tienen derecho.

10. ¿En la universidad, sueles usar el elevador (엘리베이터) o las escaleras?

a) Suelo usar el elevador (ascensor), especialmente cuando llevo muchos libros.

b) Acostumbro usar las escaleras (계단) para hacer ejercicio y ahorrar (아끼다) energía, aun cuando ya haya hecho ejercicio.

c) Uso ambos, dependiendo (...에 따라) del piso adonde vaya.

11. ¿Cuándo piensas que todo el mundo vivirá feliz?

a) Cuando todos se hayan acostumbrado a respetar (존경하다) / a ayudar / a __________ a los demás.

b) Cuando las personas hayan aprendido que la felicidad es más importante que __________

el dinero　la fama　el prestigio　la suerte　el poder　el qué dirán (세간의 소문)

DISCUSIÓN

16

En equipo, preparar algunas ideas sobre el siguiente tema

**Preparar juntos las respuestas, todos deben hablar*

Tema de discusión

"¿No importa perder nuestras costumbres y tradiciones?"

Corea, una sociedad en continuo cambio

En Corea, están desapareciendo ciertas tradiciones que se respetaban hasta hace unas décadas. Los padres gastaban todo el dinero que ganaban en sus hijos y, cuando llegaban a la vejez, los hijos les regresaban esa ayuda. Sin embargo, los tiempos han cambiado y ya muchos coreanos llegan a la vejez sin ahorros ni descendientes que los sostengan. Por otra parte, la sociedad surcoreana está perdiendo algunas fiestas rituales debido a la expansión de religiones que las prohiben y a que la mayoría de los hijos de familias de provincia se han ido a vivir a las ciudades por razones de estudio.

1) ¿Qué costumbres se están perdiendo en la sociedad coreana?

- Se está perdiendo la costumbre de ______________________________
- Y también la costumbre de ______________________________

2) ¿Cuál sería la tarea de los jóvenes ante este problema?

- Los jóvenes de hoy ya no quieren __________, porque ______________
- Pero los jóvenes deben esforzarse para ______________________________

Tema

17 Sueños y pesadillas

**Verbos pronominales* (2)

Los **verbos pronominales** se construyen con **pronombres reflexivos** (**me, te, se, nos**), de igual persona que el sujeto del verbo (*yo* ***me miro***, *tú* ***te peinas***, *él* ***se duerme***, *nosotros* ***nos abrazamos***, *ellos* ***se aman***).

Hay verbos que obligatoriamente llevan **pronombre** (***te quejas***, ***se murió***, ***me arrepiento***), y otros que pueden llevan pronombre cuando funcionan como verbos **reflexivos** (***me peino***), **impersonales** (***se dice***), **recíprocos** (***se besan***), etc.

Práctica gramatical

Ejercicio

Elegir verbos pronominales para completar la rutina diaria

cepillarse ducharse llamarse levantarse despertarse

Hola, 1. __________ María, soy boliviana pero vivo en Panamá. Todos los días 2. __________ muy temprano, a las 6:00 de la mañana para escuchar música en mi cama, pero 3. __________ hasta las 7:00. Luego, 4. __________ con agua fría y 5. __________ los dientes.

Respuestas

정답 | 1. me llamo 2. me despierto 3. me levanto 4. me ducho 5. me cepillo

**Sigue la historia de María...*

acostarse　cansarse　ponerse　peinarse　maquillarse　quitarse

Después preparo mi uniforme de enfermera, 6. __________ un poco los ojos y la boca, 7. __________ el pelo hacia atrás y 8. __________ zapatos cómodos para trabajar. Desayuno y salgo a las 7:30. Mi horario es de 8 horas cada día, pero aunque 9. __________ disfruto mi trabajo. Regreso a casa a las 5:00 de la tarde, 10. __________ el uniforme, veo televisión o leo un poco y, después de cenar, finalmente 11. __________ a las 10:00 de la noche.

Respuestas

정답
6. me maquillo　7. me peino　8. me pongo　9. me canso
10. me quito　11. me acuesto

Práctica de conversación

1. ¿Sueñas con frecuencia?

a) Solamente sueño (꿈꾸다) cuando me duermo muy profundamente (깊게).

b) Casi nunca, o no puedo recordar lo que soñé.

2. ¿Cuántas veces te duermes al día?

a) Me duermo un rato por la tarde y luego, por la noche.

b) Solo una vez, porque si me duermo por la tarde, me siento __________

c) Me duermo cuando sea, si me siento cansado(a).

3. ¿Tus sueños son tranquilos (조용한) o se tratan (다루다) de pesadillas?

a) Muy pocas veces se tratan de pesadillas.

b) La mayoría son pesadillas y me despierto asustado(a) (놀라다).

c) Casi siempre sueño cosas tranquilas aunque a veces me parecen raras.

4. ¿Cuándo sueñas pesadillas?

a) Cuando me siento estresado(a) (스트레스가 많다) / cuando __________

b) No sé exactamente, pero no me gusta soñar pesadillas.

5. ¿Cuando sueñas, te ves a ti mismo(a)?

a) Sí, me veo como niño(a) / como soy ahora / como era cuando __________

b) Casi nunca, en mis sueños se ve la gente que conozco junto con otros que me parecen desconocidos (낯선 사람들).

c) Siempre me veo yo en mis sueños, pero __________

6. ¿Cuál ha sido la pesadilla más terrible que soñaste?

a) La pesadilla más terrible (끔찍한) fue cuando me vi como / me vi en ________ ____________________

b) No puedo olvidar (잊다) cuando soñé que me __________________________

7. ¿Eres sonámbulo(a) (몽유병), hablas o caminas dormido(a)?

a) Sí, soy sonámbulo(a), me dicen que hablo dormido(a).

b) Sí, soy sonámbulo(a), me han visto caminar dormido(a).

c) No, no soy sonámbulo(a). Me parece que soy muy tranquilo(a).

***Pregunta a TODOS tus compañeros**

1) Yo soy sonámbulo(a) y mi compañero(a) ________ también.

2) Yo no soy sonámbulo(a) y compañero(a) ________ tampoco.

8. ¿Piensas que los sueños y las pesadillas tienen un significado para tu vida?

a) Sí, me gusta interpretar (해석하다) mis sueños y mis pesadillas, porque ______ ____________________

b) No, creo que son solo sueños y que no me afectan (영향을 주다) en nada.

***Pregunta a TODOS tus compañeros**

1) Mi compañero(a) ________ interpreta sus sueños y yo también.

2) Mi compañero(a) ________ y yo creemos que son solo sueños.

9. ¿Qué te gusta soñar?

a) Me gusta soñar cuando era pequeño(a) y __________

b) Me gusta soñar cosas raras, cuando me voy a otros espacios (공간).

c) Me gusta soñar con __________

10. ¿Cuál sueño recuerdas con más intensidad (강렬하게)?

a) Siempre me acuerdo de mi sueño más precioso, soñé que __________

b) Nunca olvidaré cuando soñé con __________

c) Se dice que los sueños más bellos se olvidan, en mi caso __________

DISCUSIÓN

17

En equipo, preparar algunas ideas sobre el siguiente tema

**Preparar juntos las respuestas, todos deben hablar*

Tema de discusión

"¿Realistas o soñadores?"

Soñar despiertos

En el mundo hay, básicamente, dos tipos de personas: idealistas o soñadoras y personas realistas. Aunque se podría pensar que las mejores parejas son entre soñadores y que un realista buscará a su igual, pasa lo contrario. Para que una pareja funcione, se necesita la combinación de ambos: los soñadores necesitan a los realistas y viceversa. Sin los realistas, no se alcanzaría la objetividad ni se podría pensar con los pies en la Tierra. Sin los idealistas, no se tendrían sueños ni proyectos que parecerían imposibles.

1) ¿Qué es mejor, ser realistas (현실적인) o soñadores para nuestro futuro?

- Pensamos que es mejor ser __________, porque __________________________

2) Ventajas y desventajas de ser realistas en la sociedad.

- Las ventajas de los realistas son ____
- Pero las desventajas de los realistas son __________________________________

3) Ventajas y desventajas de ser soñadores en la sociedad.

- Las ventajas de los soñadores son ______________________________
- Pero las desventajas de los soñadores son ______________________

Tema
18 Los recuerdos

**Pretérito pluscuamperfecto*

El **pretérito pluscuamperfecto** significa "más que perfecto". Indica una acción pasada que ocurrió antes que otra también en el pasado (*el hijo llamó cuando su madre ya* ***había salido****, perdió el reloj que yo le* ***había regalado***). Los lingüistas dicen que es el pasado del pasado. Se forma con el verbo auxiliar **haber** en imperfecto (**había, habías, habíamos, habían**) más el participio del verbo principal (**~ado, ido, so, to, cho**). Otros ejemplos (*ya* ***había comido*** *cuando llegó, me* ***habías dicho*** *pero lo olvidé, ya* ***habíamos quedado*** *pero cambió el horario, se* ***habían dormido*** *cuando llovió.*)

**Los ejemplos del pretérito pluscuamperfecto están en cursivas*

Práctica gramatical

Ejercicio

Completar las frases con pretérito pluscuamperfecto

A: 1. ¿Alguien tomó los jugos de uva y el jamón que (COMPRAR) ______________________ para la excursión de mañana?

B: Vinieron mis amigos esta tarde y como yo no 2. (PREPARAR) ______________________ nada, los tomé. Lo siento, mamá.

A: ¿Estuvieron estudiando?, ¿no 3. (TERMINAR) ______________________ las clases?

B: Estuvimos preparando la obra de teatro, 4. (PRACTICAR) ______________________ hasta las 11 en la universidad, pero cuando cerraron vinimos a casa.

A: Llama a tu papá para que compre más en el supermercado, cuando pasé por la tienda (편의점) ya 5. (CERRAR) ______________________

B: ¡Ah! Papá llamó pero ya te 6. (IR) ______________________

A: Es verdad. Me 7. (DECIR) ______________________ que llamaría pero lo olvidé. ¿Qué dijo?

B: Que 8. (QUEDAR) ______________________ de regresar a casa a las 6, pero que cambió su horario de la oficina.

Respuestas

정답

1. había comprado	2. había preparado	3. habían terminado	4. habíamos practicado
5. habían cerrado	6. habías ido	7. había dicho	8. había quedado

Práctica de conversación

1. ¿Dónde pasaste tus años de la infancia (어린 시절)?

a) Cuando era niño(a), vivía en ___________

b) Desde niño hasta antes de entrar a la universidad, *había vivido* en ______________, pero me cambié a vivir en Seúl.

2. ¿Qué aprendiste en tu niñez que ya olvidaste?

a) *Había aprendido* a tocar ___________ , pero ya lo olvidé.

b) *Había aprendido* a ___________, pero ya lo olvidé.

3. ¿Recuerdas tus deberes (의무) de niño(a) en la casa?

a) Sí, *habíamos organizado* los deberes para ayudarnos todos. Yo siempre arreglaba (정리하다) mi cuarto y también ___________

b) Yo no hacía nada porque, cuando yo regresaba de la escuela, mi mamá ya *había limpiado* todo.

4. ¿Cuántas veces te regañaban (혼내다) al día?

a) Me regañaban mucho, porque era muy travieso(a) (장난꾸러기).

b) Casi no me regañaban, porque era obediente (말을 잘 듣다).

c) Nunca me regañaron, porque yo era un(a) niño(a) muy bueno(a).

5. Cuando eras niño, ¿escribías tu diario (일기)?

a) Sí, escribía mi diario cuando *había terminado* mis tareas.

b) Sí, escribía mi diario cuando ___________

c) No escribía mi diario cuando era niño, porque no existía esa costumbre en mi escuela.

***Pregunta a TODOS tus compañeros**

1) Mi compañero(a) ________ escribía su diario cuando ________, y yo también.

2) Solamente yo escribía mi diario cuando ______________________________.

3) No escribía mi diario cuando era niño, ni mi compañero(a) ________ tampoco.

6. ¿Qué consejos (조언) te daban tus padres?

a) Cuando perdí (잃어버리다) el / la ___________ que me había regalado mi ___________, me animaron a cuidar bien mis cosas.

b) Me decían que no estuviera enojado cuando *había sacado* malas calificaciones.

7. ¿Qué travesura (짓궂은) recuerdas más claramente?

a) Recuerdo que me corté el pelo, cuando se *habían dormido* todos.

b) Mi mamá se *había ido* al mercado y recuerdo que pinté con colores las paredes (벽), porque me *había quedado* solo.

c) Yo era muy travieso(a), recuerdo que un día ___________

8. ¿Qué recuerdas haber cambiado de tu personalidad?

a) Recuerdo que quería ser más ___________

abierto(a)   alegre   deportista   paciente   moderno(a)   creativo(a)

b) Recuerdo que quería ser menos __________

tímido(a) agresivo(a) comilón(a) dormilón(a) materialista egoísta

9. ¿Recuerdas haber dicho muchas mentiras (거짓말) de niño(a)?

a) Sí, pero decía mentiras pequeñas e inocentes (천진난만한), cuando *había hecho* algo malo.

b) Nunca dije mentiras cuando era niño(a), porque así me *habían enseñado*.

10. ¿Cuál es tu recuerdo más hermoso de niño(a)?

a) Mi recuerdo más hermoso de la infancia es / son __________

mi mascota — mi primer viaje solo(a) — mis muñecos
mis amigos — mis abuelos — los juegos con mis padres
mi profesor(a) de __________ mi __________ / mis __________

***Encuentra a alguien con igual respuesta**

1) Mi compañero(a) ________ dijo que su recuerdo más hermoso de niño era / eran ________________, y el mío también.

DISCUSIÓN
18

En equipo, preparar algunas ideas sobre el siguiente tema

**Preparar juntos las respuestas, todos deben hablar*

Tema de discusión

"¿Dar consejos a nuestros menores?"

Aconsejar a los menores

Educar a los menores sobre los riesgos (위험) y peligros de la sociedad actual es tarea de los adultos. Pero hay dos problemas principales. El primero es la desinformación de los padres sobre los peligros que corren los menores con las nuevas tecnologías, ya que los adolescentes han desarrollado habilidades que superan a sus mayores. El segundo, la diferencia entre las generaciones se ha aumentado. Por eso, lo mejor sería que los adultos jóvenes, más cercanos a los adolescentes y a los niños, los aconsejaran sobre los peligros de la actualidad.

1) Los niños y adolescentes ¿a quién escuchan mejor: a un joven o a sus padres?

- Pensamos que escuchan mejor a __________, porque ____________________

2) ¿Qué pueden hacer los jóvenes para ayudar más a los niños y adolescentes?

- Los jóvenes pueden ayudarlos, por ejemplo ____________________________

Tema

19 Sorpresas y sustos

**Oraciones exclamativas e interjecciones*

Las **oraciones exclamativas** son las que expresan emociones con más **énfasis**. Se escriben entre **signos de exclamación** (*¡Vamos!*). Entre ellas, se encuentran las ***interjecciones***.

Las **interjecciones** son palabras o frases para expresar sentimientos y reacciones muy vivos, a veces representan **sonidos**.

Su **ortografía** es **invariable**. Entre las principales tenemos: ***¡Ah! ¡Ay! ¡Bah! ¡Eh! ¡Ey! ¡Oh! ¡Puf! ¡Caramba! ¡Cielos! ¡Diablos! ¡Genial! ¡Viva! ¡Madre mía! ¡Boom! ¡Clic! ¡Crac! ¡Zas! ¡Huy! ¡Hic! ¡Uf!***

Hay también **onomatopeyas** (palabras que imitan sonidos) que a veces son exclamativas, pero conviene saber **cómo se escriben en español**, por ejemplo: ***hum***, ***clic***, ***ring***, ***tic-tac***, ***bip-bip***, ***toc-toc***, etc.

Práctica gramatical

Ejercicio

Escribir un diálogo con tu compañero(a) usando interjecciones

**Leer los diálogos frente al grupo*

¡Madre mía! ¡Bah! ¡Cielos! ¡Puf! ¡Ring!
Tic-tac ¡Diablos! ¡Caramba! ¡Viva! ¡Zas!

A: *¡Cielos, ya es muy tarde!*
B: *¡Caramba!, qué rápido ha pasado el tiempo. Debemos darnos prisa.*
A: ______
B: ______
A: ______
B: ______

Intermedio

Práctica de conversación

1. ¿Qué dicen las noticias internacionales del día?

a) ¡Ay! Siempre lo mismo. Conflictos (갈등), guerras (전쟁) y hambre (굶주림).

b) Siguen los problemas en __________ y en __________ ¡Terribles! (끔찍한)

c) ¡Caramba (제기랄)! Las noticias internacionales siempre son malas.

d) Hum, creo que __________, pero ¡bah!, son siempre iguales.

2. ¿Sabías que ayer dieron cena gratis en Jahayeon?

a) ¡Oh! ¡No lo puedo creer!

b) ¿Estás seguro(a)? ¡Qué mala suerte (불운) la mía!

c) ¡Bah! Eso es una mentira.

d) ¡Diablos (빌어먹을)! Ayer pasé por ahí y no me fijé (집중하다) bien.

3. ¿Sabías que vamos a tener fiesta al final del curso?

a) ¿En verdad (사실은)? ¡Genial!

b) ¡Ah! Será un buen momento para recordarlo después.

c) ¡Viva! ¡Me encantan las fiestas!

d) ¡Magnífico (멋지구나)! ¡Será un gran día!

4. ¿Cuántas veces dejas timbrar tu alarma (알람 소리가 울리다) por las mañanas?

a) Solo una, al primer ring (알람 소리) me levanto.

b) No me sirve la alarma del reloj, porque el tic-tac (시계 소리) me duerme.

c) El sonido de mi alarma es bip-bip, así me despierto a la primera.

5. ¿Qué susto (경악) te has llevado en estos meses?

a) El examen de __________, ¡ah!, nunca lo imaginé tan difícil.

b) El otro día, se apagaron todas las luces. ¡Huy!, ¡qué miedo!

c) Cerca de mi cuarto, una noche, se oyó un ¡crac! y luego ¡hic!, y resultó que era mi vecino(a), había bebido demasiado.

6. ¿Cuál sería la diferencia entre susto y miedo?

a) Creo que tener miedo es más / menos __________, que estar asustado (놀라다).

b) Creo que un susto es __________ y el miedo es más / es menos __________

7. ¿Cuál ha sido la mayor sorpresa (놀람) de tu vida?

a) La mayor sorpresa de mi vida fue cuando vi mi resultado para entrar a la universidad. ¡Ah!, no lo podía creer.

b) La mayor sorpresa de mi vida fue cuando recibí un regalo de __________ ¡Oh, fue maravilloso!

c) La mayor sorpresa de mi vida fue ¡preciosa! Te la contaré: __________

8. ¿Cuál ha sido el mayor susto de tu vida?

a) El día que perdí mi celular, ¡madre mía! Tardé varias horas en encontrarlo.

b) Cuando pensé que había reprobado una clase. ¡Uf! Me salvé por poquito.

9. ¿Has participado en algún debate (토론)?

a) Sí, cuando estaba en la escuela primaria / secundaria / en el bachillerato, participé en un debate sobre __________

b) No, nunca he participado, pero sí me gustaría participar en un debate, si hubiera oportunidad.

10. ¿Te dan más miedo las discusiones o los debates?

a) Ambos me asustan, pero no me dan miedo, porque __________

b) No, al contrario, ¡me encantan!

EJERCICIO FINAL

Organizar equipos para jugar a la "Campana dorada" (*Golden Bell*)

**Los alumnos pueden buscar en Internet las respuestas*

**Presentar imágenes representativas de los 21 países donde se habla español*

"Países hispanohablantes"

1. Argentina
2. Bolivia
3. Chile
4. Colombia
5. Costa Rica
6. Cuba
7. Ecuador
8. El Salvador
9. España
10. Guatemala
11. Guinea Ecuatorial
12. Honduras
13. México
14. Nicaragua
15. Panamá
16. Paraguay
17. Perú
18. Puerto Rico
19. República Dominicana
20. Uruguay
21. Venezuela

DEBATE
1

En equipo, preparar algunas ideas sobre el siguiente tema

¿Tareas en la universidad?, ¿sí o no?

Desde el jardín de niños, todos los profesores dejan tareas: recoger hojas de árboles, ayudar en su casa, pintar algo, etc. El sistema es igual en la escuela primaria, secundaria y bachillerato. En la universidad, aunque hay más variedad de trabajos para evaluar el aprendizaje de los estudiantes, las tareas permanecen.

a) ¿Por qué esta manera de enseñar debe seguir hasta la universidad?

- Esta manera de enseñar sí debe seguir, porque ____________________
- Esta manera de enseñar no debe continuar, porque ____________________

b) ¿Cuánto tiempo tendría que llevar hacer una tarea universitaria?

- Pensamos que las tareas universitarias deben ser ____________________

c) ¿Qué sería mejor, la tarea individual o la tarea en equipo?

- Pensamos que las tareas __________ serían mejores, porque __________

d) Conclusión: ¿Deben desaparecer las tareas en la universidad, sí o no?

- Pensamos que las tareas SÍ / NO deben desaparecer en la universidad, porque ____

Debate: Sugerencias para organizarlo

Fórmulas para iniciar

1. En opinión de nuestro grupo, __________
2. Estamos convencidos de que __________
3. Nosotros pensamos / creemos / opinamos / consideramos / suponemos que __________
4. A nosotros nos parece que __________

Mostrar desacuerdo

1. No estamos de acuerdo contigo __________
2. Nosotros no pensamos así __________
3. ¡Qué va! ¡Eso no es así!

Matizar una opinión

1. Estamos parcialmente de acuerdo con ustedes, pero __________
2. Eso es cierto, pero además __________

Rechazar

1. No, espera, nosotros no queríamos decir eso __________
2. ¡Perdona! No nos hemos explicado bien __________
3. Lo que yo quería decir en nombre de mi grupo es que...
4. Espera, espera... ¡Déjame terminar, por favor!

Concluir

1. Para finalizar, queremos decir que __________
2. La conclusión de nuestro grupo es que __________

NIVEL AVANZADO

Tikal (Guatemala)

Tema

01

Telefonía ayer y hoy

**Todos los tiempos verbales*

La ***telefonía*** ha alcanzado niveles de avance jamás imaginados en tiempos de nuestros abuelos. La gente vive y trabaja dependiendo de su teléfono ***celular***, también llamado ***móvil*** en algunos países. Este atractivo ***aparato*** ha desencadenado (풀다) el fenómeno de acaparar la atención de niños y adolescentes (청소년), en perjuicio de sus estudios. Pero si observamos con detenimiento, veremos que también los jóvenes y los mayores parecen no poder prescindir (떼어 내다) del ***celular*** / ***móvil*** a ninguna hora del día.

En este tema de introducción, conoceremos a nuestros compañeros de grupo y practicaremos, en general, todos los tiempos verbales.

¡IMPORTANTE!

*En español, usaremos nuestros nombres para dirigirnos a nuestros compañeros.

*En español, por cortesía NO se dice "~~*yo y mi mamá*~~".

*Se nombra primero a la otra u otras personas y, en último término, uno mismo: "*mi amigo y yo*", "*el de mi amigo y el mío*", etc.

*En español, no es necesario decir "~~*compañeros y compañeras, amigos y amigas*~~", etc.

*Lo correcto es: "*compañeros*" o "*amigos*", el plural incluye también a las mujeres.

*Si usas "no", debes usar después "ni". Ejemplo: "*no duerme ni yo tampoco*".

Práctica gramatical

Ejercicio

Escoger el verbo en el tiempo correcto, según la frase

1. Ayer me (levanto / levanté) __________ con la alarma de mi celular.
2. De niño, siempre (llegaba / llegaría) __________ tarde a la escuela.
3. Pero ahora (era / soy) __________ puntual en todas mis citas, gracias a (덕분에) mi móvil.
4. Los estudiantes (terminaron / terminarán) __________ ayer con las encuestas del proyecto: "Un día sin celular".
5. La Policía (ayudando / ayudó) __________ con el sistema de seguridad.
6. Todos (participarán / participen) __________ en el proyecto.
7. Pablo (pregunta / preguntó) __________ lo que no entendía.
8. Ana (tomará / tomaría) __________ notas en el seminario, para hacer mañana el reporte de la encuesta de no usar el móvil un día.
9. Luis, (informaste / informas) ¿__________ al profesor del proyecto?
10. Yo (hacía / hice) __________ ya toda la introducción del reporte.

Respuestas

정답

1. levanté	2. llegaba	3. soy	4. terminaron	5. ayudó
6. participarán	7. preguntó	8. tomará	9. informaste	10. hice

Práctica de conversación

1. Hola, me llamo __________, ¿cuál es tu nombre?

a) Mi nombre es __________ Encantado(a) / mucho gusto.

2. ¿Cómo es tu celular / tu móvil?

a) Es de la marca Samsung / LG (ele-ge) / Apple __________

b) Tiene gran capacidad (용량) / tiene __________

c) Tiene muchas aplicaciones (어플리케이션) / es __________

3. ¿Por qué elegiste (선택하다) ese celular / móvil?

a) Porque me gusta la marca / la capacidad / el diseño / __________

b) Porque incluye un buen paquete (패키지) de servicios.

c) Por su precio (가격) accesible (저렴한) y __________

4. ¿Cuánto tiempo pasas consultando (확인하다) tu celular diariamente?

a) Paso mucho tiempo, unas __________ horas al día.

b) No tanto, menos de __________ horas al día.

5. ¿Desde cuándo tienes celular / móvil?

a) Tengo celular / móvil desde niño.

b) Tengo celular / móvil desde que estaba en __________

el bachillerato / la preparatoria (고등학교)	el jardín de niños (유치원)
la secundaria (중학교)	la primaria (초등학교)

6. ¿Mandas muchos mensajes por celular?

a) Sí, mando muchos mensajes, porque __________

b) No, no mando tantos mensajes, porque __________

c) Solamente mando muchos mensajes cuando __________

7. ¿Crees que la gente, hoy en día (오늘날), sea adicta (중독자) al celular?

a) La gente sí es adicta al celular / al móvil porque, al levantarse, lo primero que hace es ver su celular / su móvil.

b) Creo que son adictos los que siempre llevan su móvil en la mano.

c) Creo que hay gente adicta y hay gente que no, porque __________

8. ¿Cómo se podría controlar el uso del celular?

a) Con una campaña (캠페인) sobre la importancia de __________

b) Con anuncios que prohiban (금지) el uso de celular en ciertos lugares.

c) Con un / una __________

9. ¿Cuál sería la mejor solución (해결법) en el caso de los niños adictos?

a) No tiene solución si los padres no los educan bien.

b) La mejor solución sería __________

10. ¿Cómo era la vida cuando no existían los celulares?

a) Era mejor, porque la gente hablaba más entre sí y con su familia.

b) Tenían más diversiones (오락) sin tanta tecnología.

c) Eran más sencillos y no gastaban tanto dinero en estos aparatos.

11. ¿Cómo crees que eran los celulares hace 15 años?

a) Creo que eran muy grandes y caros, no tenían cámara ni __________

b) Creo que solo tenían el servicio de llamadas o mensajes, y __________

c) Creo que no había celulares hace 15 años, por eso __________

12. ¿Te gusta comprar accesorios y aplicaciones para tu celular?

a) ¡Me encanta tener los accesorios y las aplicaciones de moda!

b) No, no me gusta gastar dinero en accesorios ni en aplicaciones.

13. ¿Cuál crees que sea la mejor marca de celulares?

a) Creo que es mejor Samsung / Apple / LG, porque __________

b) Todas las marcas son iguales, no hay mejores ni peores, porque __________

14. Cuando estás en clase ¿Dónde pones tu celular normalmente?

a) En clase, dejo mi celular en __________

b) En clase, uso mi celular para __________

***Pregunta a TODOS tus compañeros**

1) En clase, mi compañero(a) ________ deja su celular en ________ como yo.

2) Mi compañero(a) ________ y yo usamos el celular en clase.

DISCUSIÓN
1

En equipo, preparar algunas ideas sobre el siguiente tema

**Preparar juntos las respuestas, todos deben hablar*

Tema de discusión

"La residencia universitaria (dormitorio) o alquilar (rentar) un piso"

Vivir en la residencia estudiantil o alquilar un piso

Las residencias universitarias o dormitorios estudiantiles son una de las mejores opciones para disfrutar el ambiente universitario y conocer nuevos amigos. Ofrecen servicios de todo tipo: instalaciones deportivas, salas de descanso, lavandería, cafeterías, etc. Otra de las opciones, escogida por menos estudiantes, es el programa de alojamiento en casas de personas mayores, donde los jóvenes se hospedan a cambio de hacerles compañía, con un costo mínimo.

1) ¿Cuáles serían las ventajas de vivir en la residencia de la universidad?

2) ¿Cuáles serían las desventajas de vivir en el dormitorio (residencia)?

3) ¿Cuáles serían las ventajas de rentar una habitación en casa de algunas personas mayores?

4) ¿Cuáles serían las desventajas de rentar un cuarto en casa de algunas personas mayores?

Tema

02 Las emergencias

**Pretérito perfecto compuesto*

El **pretérito perfecto compuesto** del modo **indicativo** expresa acciones realizadas en el pasado y sus consecuencias llegan hasta el presente. Esta forma verbal comprende todos los tiempos compuestos que se forman con el presente del verbo auxiliar **haber**, más el **participio** del verbo conjugado (***he cantado***, ***has vuelto*** a casa, ***hemos terminado*** la clase).

Este tiempo **deja abierta al futuro** una acción que viene **desde el pasado**: "no ***ha terminado***" significa que "no terminó", pero que **podría terminar después**.

Otro caso sería: "***he llamado*** varias veces", deja abierta la acción al futuro; en cambio, "llamé una vez" indica acción completa y cerrada porque no se puede repetir esa única vez.

Avanzado

Práctica gramatical

Ejercicio

Escribir los verbos en pretérito perfecto: HABER + ~ado, ido, so, to, cho

1. A: Carlos, ¿(LLAMAR) ______________________ a tu mamá para saber cómo está?
2. B: No (ella-CONTESTAR) ______________________, tal vez no (ella-REGRESAR) ______________________ del médico, todavía.
3. A: (tú-ENCONTRAR) ¿______________________ ya las llaves del coche?
4. B: No, ¡qué raro! Siempre las (DEJAR) ______________________ en el mismo lugar.

5. A: Te (DECIR) ____________________ que ahí las pueden tomar los niños...
6. B: ¿Les (tú-PREGUNTAR) ____________________ si tomaron las llaves para jugar?
7. A: ¡Aquí están! Y mi mamá se (COMUNICAR) ____________________ por fin.
8. B: ¿Qué le (DECIR) ____________________ el médico?
9. A: Le (ORDENAR) ____________________ unos análisis clínicos.
10. B: Dile, por favor, que no (CONSEGUIR) ____________________ todavía las vitaminas que le prometí. Pero (yo-PENSAR) ____________________ que será mejor que esperemos, por si le dan otra medicina.

Respuestas

정답

1. has llamado	2. ha contestado / ha regresado	3. has encontrado
4. he dejado	5. he dicho	6. has preguntado
7. ha comunicado	8. ha dicho	9. ha ordenado
10. he conseguido / he pensado		

Práctica de conversación

1. ¿En qué casos debemos llamar al servicio de emergencias?

a) Cuando hay un robo / un accidente / alguna discusión (논쟁) en la calle.

b) Cuando se pierde un niño / cuando hay __________

2. ¿Has llamado al número de emergencias 119, en Corea?

a) Sí, llamé una vez / he llamado dos veces / he llamado varias veces, porque __________

b) No, no he llamado nunca, pero llamaría si hubiera alguna emergencia.

3. ¿Es útil el servicio de información en hoteles, en el aeropuerto, por ejemplo?, ¿los has utilizado?

a) Sí, en el __________, el servicio de información ayuda para __________

b) No, no los he utilizado, pero creo que son útiles para __________

4. ¿Cómo has llamado a tus amigos o familiares desde el extranjero?

a) Por Internet, he usado *Skipe* / *WhatsApp* / *KakaoTalk* / __________

b) No he llamado a mis amigos en el extranjero, porque __________

5. ¿Has tenido alguna emergencia?

a) Sí, una vez, me enfermé cuando estuve en __________

b) Sí, una vez, me perdí (길을 잃다) y no sabía cómo regresar al hotel, en _______ ____________________

c) Sí, una vez, perdí mis documentos en __________

d) No, nunca he tenido ninguna emergencia.

6. ¿Has tenido algún problema grave con tu computadora?

a) Sí, muchas veces, mi computadora se ha quedado sin batería.

b) Sí, una vez, mi ordenador se contaminó con un virus que destruyó (파괴하다) el disco duro.

c) Sí, una vez, le cayó agua encima a mi computadora.

d) No, nunca he tenido ningún problema con mi ordenador.

7. ¿Te gusta ayudar en caso de emergencia?

a) Sí / No, me gusta ayudar cuando hay una emergencia, porque __________

8. ¿Has visitado alguna Embajada de Corea, en dónde?

a) Sí, visité la Embajada de Corea en __________

b) No, nunca he visitado ninguna Embajada de Corea.

9. ¿Has visitado alguna embajada de otro país en Seúl?

a) Sí, visité la Embajada de __________, para solicitar la visa de turista.

b) Sí, visité la Embajada de __________, para tramitar la visa de estudiante.

c) Sí, visité la Embajada de __________, para ver una exposición cultural.

d) No, nunca he visitado ninguna embajada en Seúl.

10. ¿Has perdido algún objeto personal, alguna vez?

a) Sí, una vez perdí mi __________ creo que en __________, pero no estoy seguro(a) dónde fue exactamente.

b) No, nunca he perdido ningún objeto personal.

11. ¿Te han robado alguna vez en tu vida?

a) Sí, me robaron la maleta / el bolso / la billetera / __________

b) No, no me han robado nunca, afortunadamente.

c) A mí no, pero robaron a mi hermano(a) / a mi __________, en __________

***Pregunta a TODOS tus compañeros**

1) A mi compañero(a) ________ le robaron algo una vez y a mí también.

2) Nunca le han robado a mi compañero(a) ________ ni a mí tampoco.

12. ¿Qué harías si te robaran durante un viaje?

a) Llamaría a la Policía inmediatamente.

b) Llamaría a la Embajada de Corea en ese lugar, para pedir ayuda.

c) No sabría qué hacer. Creo que primero llamaría a mis padres.

13. ¿Has sido testigo (증인) de algún robo?

a) Sí, fui testigo de un robo en __________, vi cuando robaban a __________

b) No, nunca, pero he visto robos captados (녹화된) en video por Internet; una vez, vi un video de un robo en __________

c) No, nunca he sido testigo de ningún robo.

14. ¿Has sido víctima (피해자) de un fraude (사기)?

a) Sí, he sido víctima de un fraude, hace __________

b) Yo no, pero (mi amigo(a) / mi   ) sí ha sido víctima de fraude.

c) No, no he sido víctima de ningún fraude, porque __________

15. ¿Cómo se pueden prevenir (예방하다) los fraudes?

a) Consultando con un abogado (변호사) cuando se debe firmar un documento importante, para ___________

b) Creo que es muy difícil prevenir los fraudes, porque ___________

Avanzado

DISCUSIÓN
2

En equipo, preparar algunas ideas sobre el siguiente tema
**Preparar juntos las respuestas, todos deben hablar*

Tema de discusión

"¿Castigos corporales o psicológicos para estudiar mejor?"

La violencia para "estimular" el estudio

En todo el mundo está prohibido castigar corporal y psicológicamente a los estudiantes en las escuelas. Sin embargo (그럼에도 불구하고), todavía existen academias privadas, fuera del control oficial, donde se golpea a los estudiantes con "el palo del amor". Una encuesta encontró que el 90 por ciento de los padres consideraba el castigo físico "necesario" para educar. Pero los mismos estudiantes, cada vez más, exigen que se respeten sus Derechos Humanos.

1) ¿Por qué ciertas academias siguen dando castigos corporales o psicológicos?

- Pensamos que esta situación ______________________________

2) ¿Cuáles serían las consecuencias de los castigos corporales y psicológicos en los niños y adolescentes?

- Algunas consecuencias en los niños y adolescentes son:
  - se vuelven más rebeldes,

- pierden el interés por estudiar,
- se vuelven inseguros,
- ______________________________

Tema

03 Compras y rebajas

**Gustar + infinitivo; gustar + sustantivo*

El verbo **gustar** es muy usual al hablar (***me gustaría***). Se considera un verbo cómodo que se prefiere sobre otros, como **querer**, **desear** y **preferir** (***quisiera**, **desearía**, **preferiría***), por su conjugación regular más sencilla.

Este verbo puede formar una perífrasis: pronombre + **gustar** + infinitivo (*me **gusta** cantar*), es invariable, ya que solo cambia el pronombre (*me / te / le / nos / les **gusta** cantar y bailar*). En cambio, cuando se conjuga solo, debe concordar en número con el sustantivo: pronombre + **gustar** + sustantivo (*me **gustan** las flores, ¿te **gustan** las uvas?, le **gustan** los chocolates, nos **gusta** el café*).

Práctica gramatical

Ejercicio 1

Completar con (me, te, le, nos, les) + (GUSTAR + ~ar, er, ir)

1. A los niños (JUGAR y LEER) __________ gusta __________ y __________ antes de dormir.
2. Todos son muy activos, (TRABAJAR) __________ gusta__________ sin descanso.
3. Creo que a ti (REGAÑAR (꾸짖다)) ____________________ a tu hija, es mejor tenerle paciencia.
4. A mí (PRACTICAR) ____________________ boxeo y kendo (검도).
5. Cuando llueve, a nosotros (IR) ____________________ al cine.
6. Pero a mis padres (VER) ____________________ televisión en casa.

Respuestas

정답 | 1. les gusta jugar y leer | 2. les gusta trabajar | 3. te gusta regañar | 4. me gusta practicar | 5. nos gusta ir | 6. les gusta ver

Ejercicio 2

Completar con (me, te, le, nos, les + GUSTAR)

**Los sustantivos ya están en la frase, con cursivas*

1. A ti, ¿por qué no (GUSTAR) ____________________ las *flores*?
2. A mí (GUSTAR) ____________________ el *chocolate* caliente.
3. A Laura y a Ana (GUSTAR) ____________________ los *vestidos* de moda.
4. Al jefe (GUSTAR) ____________________ los *empleados* trabajadores.
5. Nosotros llegaremos primero, (GUSTAR) ____________________ los *lugares* de la primera fila.
6. Pablo llegará tarde porque (GUSTAR) ____________________ los *churros* y va a comprar para todos antes de la función.

Respuestas

정답 | 1. te gustan 2. me gusta 3. les gustan 4. le gustan 5. nos gustan 6. le gustan

Práctica de conversación

1. ¿Te gusta ir de compras o solamente cuando hay rebajas (할인)?

a) Sí, me gusta ir a __________, para comprar __________, siempre.

b) Sí me gusta, pero no voy de compras regularmente, porque __________

c) No, no me gusta ir de compras, porque es muy aburrido y __________

2. ¿Recuerdas qué fue lo último que compraste de oferta (세일)?

a) Compré un / una / unos / unas __________

b) Compré un regalo para mi __________

c) No compré nada, solamente fui a __________

Avanzado

3. ¿Qué tipo de ropa compras con más frecuencia?

a) Lo que más compro son pantalones / camisetas / calcetines / zapatos.

b) No me gusta comprar tanta ropa, porque ___________

4. ¿Qué compras, normalmente, antes de empezar el semestre?

a) Me gusta comprar ropa / zapatos / mochila nueva / ___________

b) No compro nada en especial, solamente ___________

5. ¿Con quién prefieres ir de compras?

a) Por lo general voy solo(a), porque me siento con más libertad.

b) Me gusta ir con mis amigos / con mi hermano(a) / con ___________

c) Prefiero comprar por Internet, porque no me gusta ir de compras acompañado ni ___________

***Pregunta a TODOS tus compañeros**

1) Mi compañero(a) _________ va de compras con _________ y yo también.

2) Mi compañero(a) _________ prefiere comprar por Internet y yo también.

6. ¿Cuáles son las ventajas de comprar ropa y zapatos por Internet?

a) Se pueden encontrar nuevos modelos y cosas diferentes.

b) Es más barato, los precios siempre son más económicos y ___________

c) La comodidad de que los envían a tu casa y ___________

7. ¿Cuáles son las desventajas de comprar por Internet?

a) Es mejor ver el producto antes de comprarlo para ___________

b) A veces no es la calidad que se espera, porque ___________

c) No se puede probar la talla y es difícil hacer cambios.

8. ¿Qué compras deben hacerse antes de viajar a la playa?

a) Hay que comprar un traje de baño / un bañador y me gustan los accesorios de playa, por ejemplo ___________

b) Hay que buscar un buen protector de sol para la piel y ___________

c) Creo que si ya tienes bañador, no se necesita comprar nada más; tal vez, solamente ___________

9. ¿Qué lugar me recomendarías para ir de compras?

a) Te recomendaría un centro comercial, a mí me gusta el de ___________

b) Te recomiendo que vayas a las tiendas que están en ___________

10. ¿Sueles (습관적으로 ...하다) comprar cosas caras?

a) Sí, me gustan las cosas caras, me gusta lo mejor porque ___________

b) A veces me gusta comprar cosas caras, por ejemplo ___________

c) No, no me gusta comprar nada caro, prefiero ___________

11. ¿Qué te gusta comprar cuando viajas?

a) Me gustan las cosas típicas (전형적인) de los lugares que visito.

b) Me gusta comprar regalos para mi familia y para ___________

c) No me gusta comprar nada, porque nunca llevo mucho dinero.

12. ¿Alguna vez compraste algo que nunca usaste después?

a) Sí, una vez compré un / una / unos / unas ___________ que nunca usé porque ___________

b) No, siempre uso todo lo que compro, porque ___________

13. ¿Qué ropa y accesorios compras normalmente en verano?

a) En verano, siempre compro ___________

b) Nunca compro ropa ni accesorios en verano, uso los que ya tengo porque ___________

14. ¿Te gusta regalar ropa o zapatos a otras personas?

a) Sí, creo que es el mejor regalo que se puede dar, porque ___________

b) Sí, pero solo a veces y cuando estoy seguro(a) de que a la otra persona le va a gustar mi regalo.

c) No, nunca, creo que no es bueno regalar ropa ni zapatos porque ___________

15. ¿Te gusta estrenar ropa cuando viajas?

a) Sí, me gusta llevar ropa nueva cuando viajo, porque ___________

b) No, no me gusta estrenar nada cuando viajo, prefiero usar mi dinero en otras cosas que me gusten durante el viaje.

DISCUSIÓN
3

En equipo, preparar algunas ideas sobre el siguiente tema

**Preparar juntos las respuestas, todos deben hablar*

Tema de discusión

"Privacidad de la vida de la gente pública"

La vida privada de los famosos

Muchos artistas se preocupan y se quejan de lo difícil que es vivir bajo la presión que ejercen los fotógrafos de los medios que están siguiéndolos día y noche para conseguir una noticia para el público. Entre los famosos, podemos contar actores, deportistas, políticos e incluso miembros de las familias poderosas que tienen que cuidar su vida privada. Es verdad que hay muchos programas donde los famosos muestran su rutina diaria, pero la mayoría prefiere vivir tranquilamente.

1) ¿Se debe respetar o no la privacidad de la vida de los famosos?

- Pensamos que los famosos ______________________________

2) Si los periodistas publican detalles privados, ¿debemos leerlos o ignorarlos?

- Nosotros creemos que ______________________________

Tema

04 Frutas y verduras

**Léxico de frutas y verduras; artículos determinados*

Las **frutas** y las **verduras** tienen nombres que pueden **variar** de una **región** a otra, por ejemplo: ***papa* / *patata*, *aguacate* / *palta*, *chile* / *ají*, *durazno* / *melocotón***, etc.

Para nombrar las frutas y verduras se usan los **artículos determinados** (***el*** melón, ***la*** lechuga), y algunas se expresan de preferencia en **plural** (***las*** fresas, ***las*** uvas, ***los*** cacahuates, ***las*** espinacas).

Práctica gramatical

Ejercicio 1

Completar con el nombre de la verdura, ya está la primera letra

aguacate (아보카도) zanahoria (당근) chile (고추) lechuga (상추)
cebolla (양파) tomate verduras

1. Para una buena ensalada, se preparan las v__________ siguientes.
2. Primero, hay que separar las hojas de la l__________ y rallar (강판에 갈다) las z__________
3. Antes, hay que abrir los c__________ para quitarles las semillas (씨앗), a fin de que no estén tan picantes (매운).
4. Hay que escoger los t__________ más rojos para tener buena vista.
5. Se parten las c__________ en rebanadas delgadas.
6. El a__________ se agrega al final, con cuidado al quitarle el hueso (뼈) porque ha habido muchos accidentes entre los extranjeros.

Respuestas

정답

1. verduras | 2. lechuga / zanahorias | 3. chiles
4. tomates | 5. cebollas | 6. aguacate

Ejercicio 2

Completar con artículos determinados (el, la, los, las)

1. ______ naranjas son magníficas para un jugo por ______ mañana. Si no ____ ____ encuentras ______ mandarinas (귤) dan igual resultado.
2. En verano, se recomienda ______ sandía y ______ melón coreano (참외).
3. Durante ______ invierno, ______ fresas son deliciosas y se pueden combinar con ______ plátano que llega a Corea todo ______ tiempo.
4. ______ piña y ______ mango son frutas de importación, pero deliciosas.
5. Mis favoritas son ______ frutas de otoño: ______ manzanas y ______ peras.
6. Se compran como ______ mejor regalo para ______ fiesta de Chusok.

Respuestas

정답

1. Las / la / las / las | 2. la / el | 3. el / las / el / el
4. La / el | 5. las / las / las | 6. el / la

Práctica de conversación

1. ¿Te gustan las verduras, cuál es tu favorita?

a) Mi verdura favorita es / son: la / las / el / los __________

b) No me gustan las verduras.

el aguacate	el ajo (마늘)	la zanahoria
el chile	las espinacas (시금치)	la lechuga
la calabaza (호박)	el nabo (무)	la calabacita (애호박)
la col (양배추)	la papa (patata) (감자)	la cebolla

**el tomate*　**El tomate es verdura; pero en Corea, se considera fruta.*

Avanzado

2. ¿Te gusta la fruta, cuál es tu preferida?

a) Mi fruta favorita es / son: la / las / el / los __________

b) Casi no me gusta la fruta, solamente la / las / el / los __________

el melón (멜론)	la sandía (수박)	la pera (배)
las mandarinas (귤)	las naranjas (오렌지)	la toronja (자몽)
las fresas (딸기)	las uvas (포도)	la manzana (사과)
el mango	los plátanos (바나나)	la piña (파인애플)
las cerezas (체리)	los cacahuates (땅콩)	**el pepino* (오이)

**El pepino es fruta; pero en Corea, se considera verdura.*

3. ¿En dónde es mejor comprar la fruta y la verdura?

a) Acostumbro (습관적으로 ...하다) comprarlas en el mercado, porque __________

b) Prefiero comprarlas en el supermercado, porque __________

c) Yo no compro fruta ni verdura, pero mi mamá las compra en __________

4. ¿Qué fruta de importación has comido en Corea?

a) He probado la / las / el / los __________ y la / las / el / los __________

b) Nunca he comido fruta de importación, pero me gustaría probar la / las / el / los __________

c) No me gusta la fruta de importación, prefiero la fruta nacional (국내산 과일), especialmente la / las / el / los __________

5. En verano, ¿cuál es la fruta de temporada?

a) En verano, hay __________ deliciosos / deliciosas.

melones sandías uvas mangos piñas cerezas pepinos plátanos

**Con el verbo haber (hay), no se usa el artículo determinado y se dice la palabra en plural.*

6. ¿Te gusta ir a los mercados o prefieres el supermercado?

a) Me gusta ir a los mercados, porque __________

b) Prefiero ir al supermercado, porque puedo __________

c) Ninguno, voy a la tienda cercana, porque __________

7. ¿Dónde es más barato hacer la compra en Corea?

a) Es más barato en el mercado, porque puedes pedir descuento.

b) Es más barato en el supermercado, porque siempre hay ofertas.

c) Es más barato por Internet, porque ahorras tiempo también.

8. ¿Cuáles serían las desventajas de comprar por Internet o por el servicio a tu casa (홈쇼핑)?

a) Que no se puede ver la calidad de los productos ni __________

b) Que puede maltratarse (망가지다) en el camino, además de __________

c) No hay desventajas, es un servicio magnífico porque __________

9. ¿Qué cosas conviene comprar en el mercado, además de frutas y verduras?

a) Conviene comprar la carne / el pollo / el pescado / __________

10. ¿Te gusta comer la fruta congelada (냉동의)?

a) Sí, las frutas congeladas son más baratas y __________

b) No, no me gusta comer la fruta congelada, prefiero la fruta fresca, especialmente la / las / el / los __________

11. Cuando compras frutas y verduras, ¿dónde las guardas?

a) Prefiero guardarlas en el refrigerador (냉장고) para __________

b) Prefiero guardarlas en la alacena (찬장) para que estén a temperatura ambiente (실온에서) y __________

c) Prefiero comprar las frutas y verduras el mismo día porque __________

12. ¿Cuáles son las frutas que te gusta comer en verano?

a) Me gusta comer la fruta de temporada, por ejemplo __________

b) Me gustan las frutas congeladas en verano, por ejemplo __________

13. ¿Prefieres comer la fruta entera (통째로) o solo tomar su jugo?

a) Prefiero comer la fruta entera porque es más saludable / es __________

b) Prefiero tomar jugos de fruta, pero solo cuando __________

14. ¿Te gusta pelar (껍질을 벗기다) todas las frutas o prefieres comerlas con cáscara (껍질)?

a) Me gusta pelar todas las frutas. No me gusta comer la cáscara.

b) Me gusta pelar solo algunas frutas, por ejemplo __________

15. ¿Te gusta comer en los mercados?

a) Sí, me gusta comer *odeng* / elotes / *topoqui* / __________

b) Me gusta comer *sunde* / calamar frito / pan con miel (호떡) / __________

c) No, no me gusta comer nada en los mercados porque __________

***Pregunta a TODOS tus compañeros**

1) A mi compañero(a) ________ le gusta comer ________ y a mí también.

2) Solamente a mí me gusta comer ________ en los mercados y a nadie más.

DISCUSIÓN

4

En equipo, preparar algunas ideas sobre el siguiente tema

**Preparar juntos las respuestas, todos deben hablar*

Tema de discusión

"La calidad de vida en Corea"

Calidad de vida en Corea del Sur

La calidad de vida en Corea ha mejorado más lentamente que el nivel de crecimiento económico. Los coreanos trabajan muchas más horas que el tiempo dedicado al descanso o a convivir con su familia. Si pensamos que los alumnos coreanos de secundaria y bachillerato estudian un promedio de 16 horas diarias, que en su caso incluyen también los fines de semana, tendríamos que pensar que todavía falta mucho para tener una buena calidad de vida en este país.

1) ¿La dedicación extrema al estudio influye en la calidad de vida?

2) ¿Cómo influyen los horarios de trabajo en la calidad de vida?

Tema

05 Las negaciones

**Doble negación*

La **negación** en español es **doble**, por lo general, al responder (*¿No* tienes calor? ***No**, **no*** tengo calor), al contrario de la forma en coreano que respondería afirmando (¿No tienes calor? ~~Sí~~, no tengo calor).

Los adverbios, adjetivos y conjunciones de negación se utilizan combinados (Aquí ***no*** hay ***nada***, ***ni*** ahí ***tampoco***), incluso en casos que podrían parecer ilógicos (***no*** ha llegado ***nadie***), ya que "**nadie**" representa una ausencia; pero nunca podría usarse "alguien" en esa frase (~~**no** ha llegado **alguien**~~). Cuando se niega y debemos enlazar otras frases, se debe usar siempre **ni** (***no*** tengo calor ***ni*** frío ***ni*** sueño ***ni*** hambre ***ni*** ____________).

Práctica gramatical

Ejercicio

Responder las preguntas como convenga

1. Ya está todo preparado. ¿No quedan pendientes? -(Sí / No) ______, ______ queda nada pendiente.
2. ¿No será muy caro? -(Sí / No) ______, ______ es muy caro.
3. ¿No estará muy lejos? -(Sí / No) ______, ______ está tan lejos.
4. ¿Me esperas un poco, por favor? -(Sí / No) ______, ______ hay problema.
5. ¿No te levantas? Ya es muy tarde. -(Sí / No) ______, ______ voy a la escuela hoy, es día de descanso.
6. ¿Me das tu dirección? -(Sí / No) ______, claro, ¿______ te la había dado?
7. ¿Me da un pedacito de pastel, por favor? -(Sí / No) ______, por supuesto (물론). Toma lo que gustes.
8. ¿No me llevas a mi casa? -(Sí / No) ______, lo siento, hoy ______ tengo coche.

9. ¿Me ayudas, por favor? -(Sí / No) ______, ahora mismo, ______ tengo nada que hacer.

10. No hace mucho calor hoy, ¿verdad? -(Sí / No) ______, ______ hace tanto calor como otros días.

Respuestas

정답				
1. No, no	2. No, no	3. No, no	4. Sí, no	5. No, no
6. Sí / no	7. Sí	8. No / no	9. Sí / no	10. No, no

Práctica de conversación

1. ¿Por qué no me recomiendas algún buen lugar para comer?

a) Sí, conozco un lugar donde se puede comer muy bien, está en ______

2. ¿Dónde prefieres comer, fuera o en casa?

a) Prefiero comer en casa, porque mi mamá cocina muy bien / porque yo cocino deliciosamente.

b) Prefiero comer fuera, porque así no tengo que lavar nada ni ______

c) Ni en mi casa ni en el restaurante, me gusta más comer en ______

en casa de mi abuela   en casa de mi amigo   en el mercado   en ...

3. ¿Qué tipo de lugares prefieres para salir a comer?

a) Prefiero los restaurantes de carne / de pollo frito / de ______

b) Prefiero los bares / los cafés, porque ______

c) No me gusta comer fuera, prefiero comer en casa, porque ______

4. ¿No tienes hambre (배고픔)?

a) Sí, tengo hambre, me apetece un / una / unos / unas ______

b) No, no tengo hambre, tengo sed, se me antoja (...하고 싶어지다) tomar un / una / unos / unas ______

c) No, no tengo hambre por ahora, porque ______

Avanzado

5. ¿No tienes sed (목이 마르다) ahora?

a) Sí, tengo mucha sed, me gustaría tomar __________

b) Tengo sed, pero no tanta porque __________

6. ¿No tienes sueño ahora?

a) Sí, tengo mucho sueño porque anoche __________

b) Sí, tengo un poco de sueño, pero estoy bien porque __________

c) No, no tengo nada de sueño ahora, me siento __________

7. ¿No te importaría darme tu número de teléfono, por favor?

a) No, claro, mi número es 010-1514-4055*.

*En español, los números de teléfono se dicen **de dos en dos**:
010-1514-4055 (cero-diez, quince-catorce, cuarenta-cincuenta y cinco)

8. ¿No quieres ir a tomar un café después de clase?

a) Sí, ¡me encantaría!

b) Sí, pero no un café, me gustaría tomar __________

c) Sí me gustaría, pero no puedo; mejor __________

9. No hace mucho calor hoy ¿no te parece?

a) No, no hace tanto calor hoy, (pero llueve mucho / pero __________)

b) Yo creo que sí hace mucho calor hoy, ¿no crees?

10. ¿No te gustaría ir de viaje este verano?

a) Sí, me gustaría ir a __________ este verano.

b) Sí me gustaría, pero este verano no puedo, porque __________

c) No, no me gustaría ir de viaje este verano, porque __________

11. ¿No te gustaría comer un aperitivo (간식) ahora?

a) Sí, me gustaría comer una ensalada / fruta / jamón y queso / __________

b) No, estoy satisfecho(a), no se me antoja nada (아무것도 안 당겨) por ahora.

12. ¿No me das tu correo electrónico, por favor?

a) Claro, mi correo electrónico es: hola@naver.com (hola-arroba-naver-punto-com), es el que más reviso.

13. ¿No me prestas (빌려주다) mil wones, por favor?

a) Sí, ¡claro!, aquí tienes, ¿cuándo me los devuelves (돌려주다)?

b) Me gustaría ayudarte, pero no tengo efectivo ahora.

14. ¿No te he dicho que mi color favorito es el ______________?

a) ¿Si?, ¡qué coincidencia (우연의 일치)!, también es mi color favorito.

b) No me habías dicho, es un lindo color, pero prefiero el __________

15. ¿No quieres ir al cine conmigo?

a) Sí, buena idea. Podríamos ir __________

b) Sí me gustaría salir contigo, pero no al cine; mejor podríamos ir a un museo / a una librería / a un café / a __________

c) No, gracias. Tengo mucho trabajo en estos días.

***Pregunta a TODOS tus compañeros**

1) Mi compañero(a) ________ y yo vamos a ir al cine algún día.

2) Mi compañero(a) ________ y yo vamos a ir juntos a ________, algún día.

3) Ninguno de mis compañeros quiere salir conmigo.

Avanzado

DISCUSIÓN

5

En equipo, preparar algunas ideas sobre el siguiente tema

**Preparar juntos las respuestas, todos deben hablar*

Tema de discusión

"¿Se puede o no se puede confiar en Internet?"

Se puede o no confiar en la información de Internet

Cada vez son más las fuentes de consulta gratuita, gracias a (덕분에) las páginas de Internet. Pero ¿son cien por ciento confiables? Muchos estudiantes, particularmente, consultan el Internet antes de terminar cualquier tarea, incluso si su fuente principal fue un libro académico impreso. La pregunta sería ¿por qué suelen consultar sin saber si la información encontrada en línea es verdadera o no? Son un problema, en este caso, las enciclopedias libres que no tienen autor, como *Wikipedia*, porque no sabemos si las fuentes son exactas y completas.

1) ¿Se puede confiar en todo lo que se publica en Internet?

2) ¿Cuál sería la información más segura?

3) ¿Cuál sería la información más desconfiable?

4) ¿Por qué tienen tanto éxito páginas como *Wikipedia*?

Tema
06 Las bebidas

**Oraciones restrictivas*

Las **oraciones coordinadas** son dos frases que se relacionan en el mismo nivel, cuando son **adversativas** incluyen oposición de sentido. Entre los tipos de oraciones adversativas están las oraciones **restrictivas**, que son aquellas donde una parte funciona como límite de la otra o disminuye su afirmación (Practico deportes regularmente ***aunque tengo poco tiempo***. Está lloviendo ***pero hace calor***.), etc.

Los **enlaces** que se utilizan son: ***pero***, ***aunque***, ***sin embargo***, ***no obstante***, ***excepto***, ***siempre y cuando***, ***a pesar de que***, ***a menos que***, ***por más que***, ***solo que***, etc.

Práctica gramatical

Ejercicio

Escoger el enlace adecuado para estas oraciones adversativas

pero (그러나)
aunque (...에도 불구하고, ...이지만)
sin embargo (그럼에도 불구하고)
no obstante (그럼에도 불구하고)
siempre y cuando (...이라면, ...라는 조건이라면)
a pesar de que (...임에도 불구하고)
a menos que (...아니라면, ...라는 조건이 아니라면)
solo que (...이라면, ...라는 조건이라면)
por más que (...임에도 불구하고)
excepto (제외하고)

**Intentar no repetir*

1. ______________________ llueva, iré a tu casa.
2. Saldrá esta noche ______________________ está cansada.

3. ____________________ busca, no encuentra las llaves por ningún lado.
4. No conseguimos nada ____________________ que trabajamos toda la semana.
5. ____________________ lo envíe ahora mismo, no llegará el lunes.
6. Todo salió perfecto, ____________________ el reportero que llegó tarde.
7. Te llevaré conmigo, ____________________ no podrás entrar al laboratorio.
8. Tiene buenas referencias (추천), ____________________ no estamos seguros de los resultados.
9. Nos darán la beca (장학금), ____________________ saquemos buenas notas.
10. Escribió un reporte brillante; ____________________, no lo entregó a tiempo.

Respuestas

정답

1. Aunque / A pesar de que 2. a pesar de que / aunque 3. Por más que
4. no obstante 5. A menos que 6. excepto
7. solo que / aunque / pero 8. pero / solo que / aunque 9. siempre y cuando
10. sin embargo

Práctica de conversación

1. ¿Tienes algún compromiso (약속) esta semana?

a) Sí, voy a ver a un(a) amigo(a) esta noche / el sábado / __________, siempre y cuando no __________

b) No, no tengo nada esta semana, a menos que __________

c) No salgo mucho, tengo demasiado trabajo en estos días, pero __________

2. ¿Qué tipo de comida te gusta para acompañar tus bebidas?

a) Cuando bebo, me gusta comer de todo, excepto __________

b) No bebo, pero con mis amigos acepto una copa que acompaño con __________

papas fritas aceitunas jamón quesadillas queso verduras
cacahuates (땅콩) calamar seco (마른 오징어) pescado seco pizza fruta

3. ¿Cuándo te gusta salir a beber?

a) Me gusta beber, siempre y cuando ___________

b) Bebo poco, sin embargo, no rechazo una copa de ___________

c) No me gusta. Nunca bebo aunque ___________

4. ¿Qué bebida prefieres?

a) Me gusta de todo: el tequila, el *soju* (소주), el *makoli*, la cerveza, el vino tinto, excepto ___________

b) No bebo, pero me gustan los vinos suaves, como el vino tinto / blanco.

c) No bebo por más que me inviten, tomo solamente un jugo o un refresco.

5. ¿Qué haces cuando te estás muriendo de hambre (배가 매우 고플 때)?

a) Prefiero una comida formal, aunque ___________

b) Como lo que sea: papas, churros, pan, galletas, siempre y cuando ___________

c) Voy a la tienda y compro un *ramen*; sin embargo, prefiero ___________

6. ¿Qué no te gusta comer?

a) No me gusta la carne ni el pollo, aunque ___________

b) No me gustan las verduras, a menos que ___________

c) Todo me gusta, excepto el / la / los / las ___________

7. ¿Cómo pagan la cuenta (계산) cuando van varios amigos?

a) Paga el mayor; sin embargo, ___________

b) Pagamos la cuenta entre todos, a menos que ___________

8. ¿Te gusta salir a beber con tus profesores?

a) Sí, me gusta mucho, siempre y cuando __________

b) No me gusta porque no bebo, sin embargo, __________

9. ¿Te gusta salir con tus amigos entre semana?

a) Sí, cualquier día es bueno para salir, a pesar de tener mucha tarea.

b) Sí, solo que prefiero los fines de semana para salir con mis amigos.

c) Entre semana, solamente salgo con __________, aunque __________

10. ¿Qué bebida prefieres tomar cuando comes pollo frito?

a) Prefiero tomar cerveza / coca-cola con (el) pollo frito, pero __________

b) No tengo ninguna bebida preferida para el pollo frito, aunque __________

11. ¿Qué bebes normalmente cuando haces ejercicio?

a) Me gusta tomar cualquier bebida energética (에너지 음료), excepto __________

b) Cuando hago ejercicio me gusta tomar solo agua, pero __________

c) Me gustan las bebidas vitaminadas, a menos que __________

12. ¿Qué bebida (alcohólica) (술) prefieres tomar en verano?

a) En verano prefiero no beber, aunque __________

b) El verano solo bebo __________, a menos que __________

c) Bebo de todo en verano, siempre y cuando __________

13. ¿Conoces alguna bebida tradicional de otro país?

a) Sí, conozco __________ y es de (PAÍS) __________

b) No conozco bebidas de otros países, pero quisiera probar el / la __________

el pisco sour   el tequila   el mezcal   la margarita   el mate   el mojito

14. ¿Conoces algún platillo tradicional de otro país?

a) Sí, conozco un platillo que se llama __________ y es de __________

b) No conozco otros platillos, pero me gustaría probar (el / la) __________

c) No he probado nunca un platillo tradicional de otro país, pero __________

15. ¿Cuál es tu comida favorita?

a) Mi comida favorita es el pescado asado (구운) / la carne asada, solo que debe estar bien cocido(a).

b) No tengo comida favorita, me gusta todo, excepto __________

***Pregunta a TODOS tus compañeros**

1) A mi compañero(a) ________ le gusta (el / la) ________ y a mí también.

2) A mí me gusta (el / la) ________, pero a nadie más le gusta.

DISCUSIÓN

6

En equipo, preparar algunas ideas sobre el siguiente tema

**Preparar juntos las respuestas, todos deben hablar*

Tema de discusión

"Influencia extranjera en la comida coreana"

Hamburguesas de *bulgogui*

Los coreanos han creado una gran variedad de pizzas y de hamburguesas típicas, según el gusto y el sabor de la comida coreana. Así nació el burrito con arroz, la hamburguesa de *bulgogui* con salsa de soya (soja), la pizza de calabaza con papa dulce (camote / batata (고구마)) y la paella con *kimchi*. El resultado depende de cada gusto. Los jóvenes están más abiertos a otras culturas y la influencia extranjera está presente también en estos nuevos tipos de comida.

1) ¿Qué piensan sobre el sincretismo (mezcla de culturas) **de la comida coreana?**

2) ¿Es importante conservar la tradición de la comida coreana, por ejemplo el *kimchi*?

3) ¿Cómo influye la comida extranjera en la identidad de los coreanos?

Tema 07

La imprenta agoniza

**Artículos indeterminados y adjetivos indefinidos*

1. Los **artículos indeterminados** indican **información desconocida** para alguno de los que hablan (fui a ver ***una*** obra de teatro, le regalé ***un*** perrito, compré ***unos*** zapatos); se usa con el verbo **haber** (***hay una*** promoción, ***hay un*** problema), para dar **énfasis** (hace ***un*** calor terrible, ***un*** fuerte abrazo), para una **cantidad aproximada** (***un*** precio superior a ______).
2. Los **adjetivos indefinidos** describen la cantidad del sustantivo de forma **imprecisa** y **aproximada** (***tal*** experiencia, ***cualquier*** niño). Entre los adjetivos indefinidos se encuentran: ***cualquier***, ***tal***, ***algún***, ***cierto***, ***bastante***, ***muchos***, ***varios***, ***pocos***, ***demasiados***, ***ningún***, etc.

Avanzado

Práctica gramatical

Ejercicio

Completar las frases con artículos y adjetivos indefinidos

1. (Un / Una) __________ chico se encontró con (varios / bastante) ______________ compañeros de primaria, ¡fue una gran alegría para todos!
2. Aquí hay (un / una) __________ paquete más para llevar, no puedo más... ¡Ya son (pocos / demasiados) __________!
3. Llevo (un / una) __________ maleta con (ninguno / bastantes) ______________ accesorios.
4. (Un / Una) __________ amigo de mi hermana es de los (pocos / ciertos) ________ _____ invitados a la ceremonia; pudimos invitar solo a 15 amigos.
5. Hace (pocos / muchos) __________ años no había celulares; en (un / una) _______ caso de emergencia, era difícil pedir ayuda.

6. (Cierto / Algún) ___________ día, perdí las llaves de mi casa. Pero (un / una) _____ buena vecina me ayudó a encontrarlas.
7. Debo tomar (un / una) ___________ autobús verde o rojo, pero (un / una) _______ verde acababa de pasar cuando llegué a la parada; hasta ahora, (algún / ningún) ___________ rojo ha pasado en media hora.
8. Estoy buscando (un / una) ___________ apartamento cerca de mi oficina. Hay (cualquier / varios) ___________ avisos de alquiler, pero todos son muy caros.
9. ¿Hay (algún / cualquier) ___________ banco por aquí?, (algún / cualquier) _________ banco me va bien, solo voy a cambiar dólares.
10. Ayer comí (unos / unas) ___________ papas fritas con (un / una) _______________ deliciosa salsa de tomate, tan magníficas como en (algún / ningún) ____________ otro lugar.

Respuestas

정답

1. Un / varios	2. un / demasiados	3. una / bastantes	4. Un / pocos
5. muchos / un	6. Cierto / una	7. un / un / ningún	8. un / varios
9. algún / cualquier	10. unas / una / ningún		

Práctica de conversación

1. ¿Prefieres leer el periódico impreso (인쇄된 신문) o en línea?

a) Prefiero leer cualquier periódico impreso.

b) Prefiero leer las noticias en algún periódico en línea.

c) Ambos, algunas veces leo el periódico en la biblioteca y otras veces, en mi computadora.

2. ¿Lees algunos impresos?

a) Acostumbro (습관적으로 ...하다) leer algunos periódicos, como el ___________

b) No acostumbro leer el periódico, pero leo ciertos folletos (팸플릿) impresos, como por ejemplo, ___________

c) No leo ningún impreso, a menos que (...아니라면, ...라는 조건이 아니라면) ________ ___________

3. ¿Qué recomendarías ver por Internet para estar informado(a)?

a) Hay ciertas páginas web con buena información, por ejemplo __________

b) Cualquiera puede encontrar páginas web con información de __________

c) No conozco ninguna página web que sea confiable (믿을 수 있다).

4. ¿Confías en el pronóstico (예보) del tiempo (날씨)?

a) Sí, lo veo en cualquier sitio: en Internet, en la televisión, en mi celular.

b) No tanto, solo lo consulto cuando parece que va a llover.

5. ¿Cuál es tu signo del Zodíaco (황도) chino y occidental?

a) Mi signo del Zodíaco occidental es __________

b) Nací en el año del Zodíaco chino de la / del __________

*Signos del Zodiaco chino: rata, buey, tigre, conejo, dragón, serpiente, caballo, cabra, mono, gallo, perro y cerdo

Signos del Zodiaco occidental: Aries, Tauro, Géminis, Cáncer, Leo, Virgo, Libra, Escorpión, Sagitario, Capricornio, Acuario y Piscis

6. Aparte de leer, ¿qué otros usos le das al periódico?

a) Algunas veces, lo uso para limpiar las ventanas o para __________

b) No le doy ningún otro uso, después de leerlo lo tiro porque __________

7. ¿Conoces a alguien que lea el periódico con frecuencia (자주)?

a) Sí, mi abuelo(a) / mi amigo(a) / mi papá / mi mamá, lo lee en __________

b) Solo he visto a algunas personas en el metro leyendo el periódico.

c) En la biblioteca, veo que algunos estudiantes leen el periódico.

8. ¿Qué otros tipos de periódicos conoces?

a) El periódico de algunas iglesias, la gente los lee y los guarda.

b) El periódico de ciertos clubes de la universidad, por ejemplo __________

9. ¿Lees las noticias completas o solo los titulares (헤드라인)?

a) Leo las noticias completas porque no es suficiente con el título.

b) Leo solo los titulares porque no tengo demasiado tiempo ni __________

c) Leo primero los titulares y si me interesa alguna noticia la leo completa.

10. ¿Qué sección piensas que sería la más atractiva para los lectores?

a) La sección de __________ y ninguna más, porque __________

b) Todas las secciones de ciertos periódicos, excepto (제외하고) __________

noticias deportes vida y estilo ciencia cultura economía (finanzas)

11. ¿Te gusta consultar anuncios impresos?

a) Sí, me gusta consultar algunos impresos, por ejemplo __________

b) Sí, pero solo consulto ciertos anuncios, como __________

c) No, no me gusta consultar ningún tipo de anuncios, porque __________

12. ¿Sueles (습관적으로 ...하다) separar el papel para reciclarlo (재활용하다)?

a) Sí, siempre lo separo y lo pongo en algún lugar de reciclaje.

b) No, cuando tengo bastante lo tiro en un bote de basura general.

13. ¿Piensas que algún día desaparecerá el periódico impreso?

a) Pienso que sí, pocas personas leen el periódico impreso, aunque (...에도 불구하고, ...이지만) la suscripción (정기구독) no sea cara.

b) Pienso que no, aunque haya pocos lectores __________

14. ¿Qué tipo de libros te gusta leer?

a) Me gustan varios: __________ y __________

las historietas (만화) las novelas los libros de ciencia / de terror / de historia

15. ¿Qué prefieres, un libro impreso o un libro digital?

a) Prefiero cualquier libro impreso, porque __________

b) Prefiero leer un libro digital, porque __________

***Encuentra a alguien que prefiera como tú**

1) Mi compañero(a) ________ y a mí nos gustan los libros ________

Avanzado

DISCUSIÓN

7

En equipo, preparar algunas ideas sobre el siguiente tema

**Preparar juntos las respuestas, todos deben hablar*

Tema de discusión

"¿La imprenta agoniza (사경을 헤매다)?"

Publicaciones impresas y digitales

Poco a poco, los periódicos en línea van ganando terreno frente a los impresos. Las encuestas indican que los menores de 50 años utilizan mucho más los medios digitales que cualquier otro servicio. Por eso, los diarios impresos tienen el reto de buscar cómo atraer a este nuevo tipo de lectores.

También se habla de los libros impresos que podrían desaparecer. Sin embargo (그럼에도 불구하고), un estudio reciente dice que solo el 6 por ciento de los lectores usa únicamente el formato digital, y que el 94 por ciento lee en ambos formatos, digital e impreso. La conclusión es que los libros impresos permanecen como los preferidos todavía.

1) ¿Por qué podría desaparecer el periódico impreso?

2) ¿Deben hacerse esfuerzos para que no desaparezca el periódico impreso o no?

3) ¿Corre peligro el libro impreso frente al *e-book*?

4) ¿Qué ocurriría si desaparecieran los libros impresos?

Tema

08 Verano e invierno

**Gustar o preferir; tecnicismos del clima*

1. En el tema 3, vimos cómo el verbo **gustar** podía sustituir al verbo **preferir**. Sin embargo, hay un **matiz** importante que los **diferencia**. El verbo **preferir** supone la **elección** entre dos o más opciones (¿***Prefieres*** cantar ***o*** bailar?). En cambio, el verbo **gustar** sirve para expresar **todo lo favorito** sin necesidad de elegir (a mí ***me gusta*** nadar; a mí ***me gusta*** mucho pasear).
2. Para hablar de las **estaciones**, usaremos siempre los **artículos determinados**: ***la*** primavera, ***el*** verano, ***el*** otoño, ***el*** invierno. Y no hay diferencia entre ***el tiempo*** y ***el clima***, cada país escoge la palabra que prefiere.

Avanzado

Práctica gramatical

Ejercicio

Escoger para completar con (PREFERIR o GUSTAR)

1. (Prefiero / me gusta) __________ terminar ahora en vez de mañana porque me falta poco, espérame un momento, por favor.
2. A Luis (prefiere / le gustan) __________ las flores, las cuida siempre.
3. ¿Cuáles flores (prefiere / le gustan) __________ a tu hermana?
4. Todos (prefieren / les gusta) __________ comprar el último modelo de celular / móvil, en vez de un modelo antiguo.
5. Mi padre (prefiere / le gusta) __________ leer el periódico que ver televisión.
6. A nosotros (preferimos / nos gusta) __________ mucho bailar bachata.
7. Aquí, el techo tiene goteras. (Prefiero / Me gusta) __________ que duerman en otra habitación.

8. Me parece que (prefirieron / les gustó) __________ la película.
9. Creemos que a Juan (prefiere / le gusta) __________ dormir la siesta a las 4, a esa hora nunca responde llamadas.
10. Lalo (prefiere / le gusta) __________ pasar por ti, para no llegar tarde.

Respuestas

정답

1. Prefiero	2. le gustan	3. le gustan	4. prefieren	5. prefiere
6. nos gusta	7. Prefiero	8. les gustó	9. le gusta	10. prefiere

Práctica de conversación

1. ¿Prefieres el calor o el frío?

a) Prefiero el clima frío, porque __________

b) Prefiero el clima caluroso (더운) / tropical, porque __________

c) Prefiero el clima templado (온화한), porque __________

2. Cuándo eras niño(a), ¿qué hacías cuando nevaba?

a) Me gustaba jugar en la nieve con mis amigos / mis primos / mis __________

b) Me gustaba hacer muñecos de nieve con mi familia.

c) Prefería quedarme en casa en vez de salir, porque __________

3. ¿Qué haces cuando llueve?

a) Me gusta leer / estudiar / dormir / mirar por la ventana / __________

b) Me gusta comer __________ / tomar __________

c) No me gustan los días lluviosos, así que no hago nada en especial.

4. ¿Qué te gusta hacer cuando el tiempo es agradable?

a) Prefiero salir a __________ con mis amigos / con __________, que quedarme en casa.

b) Me gusta hacer ejercicio / pasear / jugar / ir a __________

c) Prefiero quedarme en casa y no hacer nada especial.

5. ¿Qué te parece el clima de hoy?

a) Hoy __________ y me gusta, porque __________

b) Hoy __________ y no me gusta, porque __________

c) Hoy __________, pero preferiría __________

hace calor hace fresco llueve está nublado hay mucha humedad
preferiría que no lloviera / que no hiciera __________ / que saliera el sol

6. Mi estación favorita es la / el __________ ¿Y la tuya?

a) Mi estación favorita es la primavera / el verano / el otoño / el invierno, porque __________

b) Me gustan todas las estaciones, excepto (제외하고) __________, porque __________

7. ¿Qué actividades te gusta hacer en invierno?

a) Me gusta __________ en invierno, porque __________

b) No hago ninguna actividad en particular durante el invierno, solamente __________

8. ¿Qué actividades te gusta hacer en primavera?

a) Me gusta __________ en primavera, porque __________

b) No hago ninguna actividad en particular durante la primavera, solamente __________

9. ¿Qué actividades te gusta hacer en verano?

a) Me gusta __________ en verano, porque __________

b) No hago ninguna actividad en particular durante el verano, solamente __________

10. ¿Prefieres el clima seco (건조한) o húmedo (습한)?

a) Yo prefiero el clima seco, porque __________

b) Yo prefiero el clima húmedo, porque __________

c) Ambos me gustan por igual, porque __________

d) Ambos me disgustan, porque __________

11. ¿Prefieres usar ropa de temporada (계절) o vistes siempre igual?

a) Me gusta usar ropa según la temporada y comprar algo de moda también.

b) Prefiero ropa que sirva para todas las temporadas, porque __________

c) Prefiero usar ropa cómoda y __________

12. ¿Prefieres los deportes de invierno o de verano?

a) Prefiero los deportes de invierno, en especial __________

b) Prefiero los deportes de verano, en especial __________

c) No practico deportes, pero me gusta ver __________

13. ¿Qué harías en caso de que llegara un tifón (태풍)?

a) Me quedaría en casa de mis padres para __________

b) Iría a trabajar / a la escuela a pesar de que (...임에도 불구하고) hubiera tifón, porque __________

c) Llamaría a todos mis conocidos para saber cómo están y __________

14. ¿En qué país te gustaría vivir por su clima?

a) Me gustaría vivir en __________, porque su clima es __________

b) Me gusta el clima de Corea, no me iría a vivir a ninguna otra parte.

15. ¿Acostumbras (습관적으로 ...하다) consultar el pronóstico del tiempo?

a) Antes de salir, veo el pronóstico para __________

b) Casi no lo consulto, pero llevo siempre conmigo un paraguas __________

DISCUSIÓN
8

En equipo, preparar algunas ideas sobre el siguiente tema

**Preparar juntos las respuestas, todos deben hablar*

Tema de discusión

"¿Cambio climático (기후 변화) o comodidad térmica (열)?"

El alto consumo de energía en Corea

En Corea se consume mucha energía. En verano, el uso del aire acondicionado es excesivo. Entrar en un edificio público (oficina, banco, tienda, restaurante) es como meterse en la nevera. Incluso, el transporte público pone el aire acondicionado al máximo para comodidad de los pasajeros. Igual ocurre en invierno, cuando la calefacción permite estar cómodamente en el interior de cualquier edificio.

1) ¿Es más importante evitar el calentamiento global o tener comodidad de temperatura en casa, escuelas, bancos?

2) En Corea, ¿cómo se podría disminuir el gasto de energía por el aire acondicionado y por la calefacción?

Tema

09 Las películas

**Gerundios y participios*

El **gerundio** y el **participio** son formas **impersonales** del verbo, por lo cual van siempre con un verbo auxiliar que indica el tiempo, la persona y el número (estoy ***leyendo***; hemos ***terminado***). Mientras que el gerundio es siempre regular (~**ndo**), el participio tiene la forma regular (~**ado**, **ido**) y la irregular (~**so**, **to**, **cho**); numerosos verbos presentan las dos formas del participio (***imprimido-impreso***).

**Mayor información sobre el participio, en el tema 12 de nivel intermedio.*

Práctica gramatical

Ejercicio

Completar con gerundio (~ando, endo) o participio (~ado, ido, so, to, cho)

1. No hagas ruido, por fin el niño se ha (DORMIR) ___________
2. Pero escuché que estaba (LLORAR) ___________ hace un momento.
3. No lo creo, terminó muy (CANSAR) ___________ después de nadar.
4. Seguramente, habrás (OÍR) ___________ al gato, llora como niño.
5. Estaba (ARREGLAR) ___________ el coche, cuando me pareció escucharlo.
6. Por cierto, ¿ya terminaron el camino? Lo estaban (REPARAR) ___________
7. Como ha (LLOVER) ___________ tanto en estos días, no han (PODER) ___________ terminar.
8. Este alcalde llegó (PROMETER) ___________ que lo arreglaría.
9. Sí, pero ya hemos (COMPROBAR) ___________ que no cumple sus promesas.
10. Será mejor que nos vayamos (PREPARAR) ___________ para estas lluvias y que estemos bien (ASEGURAR) ___________

Respuestas

정답

1. dormido	2. llorando	3. cansado	4. oído
5. arreglando	6. reparando	7. llovido / podido	8. prometiendo
9. comprobado	10. preparando / asegurados		

Práctica de conversación

1. ¿Te gusta ir a cine?

a) Sí, estos días estoy yendo todos los sábados / todos los __________

b) No, no me gusta ir al cine, porque __________

2. ¿Qué tipo de películas has visto más?

a) He visto más películas __________ y __________

románticas de acción de terror históricas cómicas musicales animadas

3. ¿Te consideras cinéfilo (영화 애호가)?

a) Sí, voy frecuentemente, cada semana / cada __________

b) No tanto, voy con poca frecuencia, una vez cada __________

c) No soy amante del cine, casi nunca voy porque __________

4. ¿Cuáles son mejores, las películas subtituladas (자막) o las dobladas (더빙) al coreano?

a) Prefiero las subtituladas, porque disfruto escuchando el audio original para __________

b) Prefiero las dobladas al coreano, porque termino cansado de leer tanto y __________

5. ¿Qué película escogerías para invitar a tu mejor amigo(a) al cine?

a) Escogería una película que ambos no hubiéramos visto, para __________

b) Escogería cualquier película de estreno (초연), porque __________

6. ¿Cuál ha sido tu película favorita?

a) Mi película favorita ha sido siempre "__________", porque __________

b) No tengo película favorita, pero quedé satisfecho(a) con "__________", porque __________

7. ¿Sería bueno que hubiera algún cine cerca de tu casa?

a) Si hubiera uno, sería bueno porque podría ir cuando estuviera muerto(a) de cansancio.

b) Sí / No hay cines cerca de mi casa, __________

8. ¿Qué bebida prefieres tomar en el cine?

a) No me gusta tomar nada en el cine.

b) Me gusta tomar una malteada de vainilla con chocolate / un café.

c) Me gusta tomar refresco __________

de cola   de limón   de naranja   de manzana   energético (에너지 음료)

9. ¿Qué te gusta comer en el cine?

a) Me gusta comer golosinas (간식): caramelos / chocolates / palomitas...

b) Me gusta comer una hamburguesa / un perro caliente (hot dog) / pizza...

c) No me gusta comer nada en el cine, porque __________

10. ¿Con quién prefieres ir al cine?

a) Prefiero ir con mis amigos / con mi familia / con __________, porque ____ ______________________________

b) Prefiero ir solo(a), porque __________

11. ¿Qué película te ha defraudado (배신하다)?

a) La película "__________" resultó muy mala, porque __________

b) En general no soy exigente, pero hubo una que __________

12. ¿Prefieres ver películas clásicas o películas modernas?

a) Prefiero ver películas clásicas porque son más interesantes.

b) Prefiero ver películas modernas porque __________

c) Me gustan ambas, porque __________

13. ¿Te gusta ver películas en las plataformas de Internet, como Netflix, o en la televisión?

a) Prefiero ver películas en las plataformas de Internet, porque __________

b) Prefiero ver películas en mi televisión porque __________

c) No, no me gusta ver películas en las plataformas ni en la televisión, prefiero ver películas en el cine, porque __________

14. ¿Te gusta ver series (시리즈) por televisión o en las plataformas de Internet?

a) Me gusta mucho ver la serie "__________" en __________

b) Sí, me gusta ver la serie "__________" en la plataforma de __________

c) No, no me gusta ver series de ningún tipo.

15. ¿Cuál sería la mejor plataforma para ver películas por Internet?

a) No uso ninguna plataforma prefiero ver las películas en el cine.

b) Creo que sería la plataforma __________, es la mejor en películas.

Netflix HBO Amazon YouTube Wuaki HULU

DISCUSIÓN 9

En equipo, preparar algunas ideas sobre el siguiente tema

**Preparar juntos las respuestas, todos deben hablar*

Tema de discusión

"La sociedad del espectáculo"

Espectáculos y valores

La sociedad del espectáculo es "el mal de nuestro tiempo" en las generaciones más jóvenes, afirman los filósofos en sus estudios sobre la influencia que tienen los medios de comunicación en la sociedad. Disfrutar del espectáculo se ha convertido en una necesidad que ha transformado su vida. Los espectáculos han provocado un cambio de valores que ha convertido a profesionales del *performance*, artistas y cantantes especialmente, en los héroes y modelos a imitar de las nuevas generaciones.

1) ¿Por qué los cantantes y los artistas, especialmente de cine y TV, tienen tanto prestigio y son más admirados que los científicos y que los humanistas?

- Pensamos que algunas de las razones serían ______________________

2) ¿Qué consecuencias podría tener este cambio de valores de la sociedad?

- Pensamos que es un problema, porque ______________________
- Pensamos que NO es un problema, ya que ______________________

Tema

10 La pantalla chica (TV)

**Oraciones de relativo (sustantivas)*

Las **oraciones de relativo** están compuestas por dos frases, donde una de ellas realiza la función de **sustantivo**, en este caso. Se construyen generalmente con los pronombres relativos **que, quien**, acompañados con su artículo determinado (***la que, el que, lo que, los que, las que***) o solo con su variante en plural (***quien, quienes***)*.

Ejemplos: ***Los que*** llegaron primero comieron mejor. Sacará mejor nota ***quien**** estudie más. Me gustan ***las que*** no tienen rayas.

**Generalmente, se usan esos enlaces cuando no se sabe el género del sujeto.*

Avanzado

Práctica gramatical

Ejercicio

Escoger un enlace adecuado para estas oraciones sustantivas

al que   a la que   a las que   a los que   a quien*   a quienes*

1. Darán un buen premio __________ se maquille en el menor tiempo.
2. Entregamos el paquete __________ estaba en la puerta.
3. Pregúntale __________ está dirigiendo el tráfico.
4. El cantante dedicó una canción __________ lo acompañaron en su gira.
5. El profesor reprobó __________ copió en el examen.
6. El entrenador premiará __________ lleguen temprano al entrenamiento.
7. La directora coronará __________ resulte electa como reina del festival.
8. Dirigió su discurso __________ le aplaudían con entusiasmo.
9. Los niños dieron un fuerte disgusto __________ más los querían.
10. El perro mordió __________ entró sin tocar la puerta.

Respuestas

정답

1. a la que / a quien 2. al que / a quien 3. al que 4. a los que / a quienes
5. al que / a quien 6. a los que / a quienes 7. a la que 8. a los que / a quienes
9. a los que / a quienes 10. al que / a quien

Práctica de conversación

1. ¿Te gusta ver (la) televisión?

a) No mucho, solo veo (la) televisión cuando pasan lo que me gusta.

b) Sí, me gusta ver (la) televisión, especialmente __________

las series　los deportes　las entrevistas　las comedias
las películas　los concursos　las telenovelas (TV 드라마)

2. ¿Tienes televisión o ves los programas en tu computadora?

a) Sí, tengo televisión y me gustan ciertos programas, como los que _____________________

b) No tengo televisión, veo los programas en mi computadora.

3. ¿Cuántas horas al día de televisión piensas que sería el máximo?

a) Creo que entre __________ y __________ horas de televisión al día, serían suficientes.

b) Quienes ven mucha televisión, pensarán que el mínimo serían __________ horas.

4. ¿Qué tipo de programas tienen más éxito en la pantalla chica (작은 화면 = TV)?

a) En mi opinión, los que tienen más éxito son los que __________, porque _____________________

5. ¿Te parecen interesantes los anuncios comerciales (광고)?

a) Sí, disfruto viendo anuncios comerciales; especialmente, los que son muy creativos, por ejemplo el que anuncia __________

b) Me gustan solo algunos anuncios comerciales, especialmente los que ______ ____________________

c) No me gusta ver comerciales, porque pienso que quienes los ven __________

6. ¿Qué piensas de las telenovelas?

a) En estos días, estoy viendo __________

b) Hace tiempo, vi la telenovela __________, pero ahora no veo ninguna.

c) No me gusta ver las que pasan ahora, porque __________

7. ¿Cuáles series nacionales o extranjeras recomendarías?

a) Recomendaría mi favorita: __________ que pasa en __________

b) No me gusta ver las que son extranjeras, prefiero recomendar __________

8. ¿Qué te parecen las series animadas (애니메이션 시리즈) para niños?

a) ¡Me encantaban de niño(a)! Mi favorita era la que __________

b) No creo que sean buenas para los niños, porque __________

9. ¿Conoces algún programa educativo de la televisión?

a) Sí, está por ejemplo __________, me encanta verlo porque __________

b) No, no conozco ningún programa educativo, solo veo los que __________

10. ¿Con quiénes te gusta reunirte para ver algún programa especial?

a) Con quienes comparten mis gustos, especialmente con __________

b) Solo invito a mis amigos para ver los programas que __________

c) No acostumbro invitar a mis amigos para ver televisión, porque __________

11. ¿A tu familia y a ti les gusta comprar productos que se anuncian por televisión?

a) Sí, nos gusta comprar productos que se anuncian en la televisión, porque quienes los presentan __________

b) A mí no, pero mis padres compran muchos de los que se anuncian en la televisión, porque __________

12. ¿Qué piensas sobre la influencia de la pantalla chica?

a) Pienso que para los mayores, los abuelos por ejemplo, es __________

b) Pienso que está mal, porque quienes ven televisión __________

c) Pienso que los niños son los que ven más televisión, y eso __________

13. ¿Crees que la televisión desaparecerá por culpa de las plataformas de Internet?

a) Sí, creo que la televisión desaparecerá porque las plataformas son mejores, especialmente las que __________

b) No, creo que la televisión no desaparecerá nunca, porque quienes __________
____

DISCUSIÓN

10

En equipo, preparar algunas ideas sobre el siguiente tema

**Preparar juntos las respuestas, todos deben hablar*

Tema de discusión

"¿Los jóvenes deben hablar de política?"

Los jóvenes y la política

En España, se entrevistaron a jóvenes con esta pregunta y, entre sus respuestas, dijeron que ellos son actores importantes en los cambios pacíficos de la sociedad, en especial los universitarios que tienen más conocimiento de lo que pasa en el mundo. Otros dijeron ya no quieren que nadie decida por ellos y que, gracias a (덕분에) las nuevas tecnologías, saben lo que ocurre en otros lugares, lo cual los ayuda a reflexionar sobre el tema de la política.

Pero otros jóvenes opinaron que la corrupción de los políticos los ha alejado del tema. Se sienten enojados con lo que hace el gobierno y su insatisfacción se convierte en rechazo al tema político.

1) ¿Qué temas son los preferidos para conversar entre los jóvenes?

2) ¿Qué temas rechazan los jóvenes en sus conversaciones?

3) Comparando entre las generaciones de tus padres y abuelos con los jóvenes de hoy, ¿quiénes eran más comprometidos políticamente?

Tema
11 Fanáticos del deporte

**Oraciones de relativo* (*adjetivas*)

Las **oraciones de relativo** están compuestas por dos frases, donde una de ellas realiza la función de **adjetivo**, en este caso, modificando sustantivos o pronombres de la oración principal, como lo haría un adjetivo. Ejemplos: La blusa (**regalada**) ***que me regalaste*** está preciosa. La joven (**ganadora**) ***que ganó*** el concurso llegó ya. Este libro (**olvidado**) ***que olvidaron*** está en la mesa.

**En los ejercicios, están en cursivas*

Práctica gramatical

Ejercicio

Cambiar por una oración el adjetivo del paréntesis

**Ver los ejemplos del cuadro anterior*

1. Los niños (perdidos) ____________________ estaban muy asustados.
2. Los alumnos (estudiosos) ____________________ hicieron buen examen.
3. El vino tinto (comprado) ____________________ Laura es de la mejor calidad.
4. José, el libro (prestado-a mí) ____________________ es muy interesante.
5. Los empleados (trabajadores) ____________________ tendrán mejor salario.
6. Los árboles (cercanos al río-ESTAR) ____________________ del río se han secado.
7. El perro (ladrador (짖다)-ESTAR) ____________________ no muerde.
8. El cuadro (comprado-ellos) ____________________ ayer no valía tanto.
9. La nena (dormida-ESTAR) ____________________, se ve muy tranquila.
10. El celular (encontrado) ____________________ ayer, lo dejamos en la oficina.

Respuestas

정답

1. que se perdieron 2. que estudiaron 3. que compró 4. que me prestaste
5. que trabajaron 6. que están cerca 7. que ladra 8. que compraron
9. que está dormida 10. que encontramos

Práctica de conversación

1. ¿Te gustan los deportes?

a) Sí, me gustan mucho, juego (al) futbol-fútbol / tenis / __________

b) Sí, pero no practico ningún deporte *que parezca violento* (폭력적인); solo hago ejercicio, por ejemplo, __________

c) No, no me gustan los deportes.

2. ¿Prefieres practicar deportes o verlos por televisión?

a) Prefiero practicar lo que sea, porque los deportes *que se ven en la televisión* solamente __________

b) Prefiero verlos; especialmente, los programas *que tienen resúmenes* deportivos, porque __________

3. ¿Crees que sea bueno ver deportes por televisión?

a) Las personas *que ven deportes* por TV tienen la ventaja de __________

b) Los niños *que solo ven deportes* por TV tienen el problema de __________

4. ¿Te gusta ver otros espectáculos internacionales por televisión?

a) Sí, especialmente, *donde salen* __________, porque __________

b) No, casi no veo espectáculos internacionales por televisión, solo me entero de los más importantes por las noticias.

5. ¿Eres fanático(a) de algún deportista o de algún equipo famoso?

a) Sí, soy fanático(a) de __________, porque este deporte *que te digo* __________

b) No soy fanático(a) de nadie, pero mi amigo(a) *que vive en* __________, es fanático(a) de __________

c) No soy fanático(a) de ningún deportista ni de ningún equipo.

6. ¿Conoces algún buen canal de espectáculos?

a) Sí, en Corea hay varios canales *que solo son de espectáculos*: __________

b) No sé bien, pero creo que el canal __________ es solo de espectáculos.

7. ¿Te gusta ver los Juegos Olímpicos o las Copas Mundiales de Futbol por televisión?

a) ¡Me encanta! El deporte *que más me gusta ver* es el / la __________

b) No, no me gusta ver __________ por televisión.

8. ¿Sueles hacer apuestas (내기) en algún juego deportivo?

a) Sí, suelo hacer apuestas con mis amigos *que son aficionados* al __________

b) Sí, suelo apostar (내기걸기) con mis amigos, pero no en los deportes sino en las competencias *donde nosotros participamos*, por ejemplo, __________

c) No apuesto (내기걸기) nunca con mis amigos, porque __________

9. Del cuadro de abajo, ¿qué deporte te gusta menos?

a) El __________ / la __________ casi no me gusta, porque es un deporte *donde hay* __________

b) Ninguno me desagrada, pero me gusta menos el / la __________ que es un deporte *donde se tiene que* __________

el boxeo (복싱)	la caza (사냥)	la lucha (레슬링)	el tiro (사격)
el kendo (검도)	el taekwondo	el yudo	la halterofilia (역도)

10. ¿Cuál es tu deporte favorito para ver o practicar?

a) Mi deporte favorito es el / la __________, es un deporte *donde se puede* ____
____

b) No tengo ningún favorito, pero __________

11. ¿Has visto en vivo (생방송으로 시청하다) algún deporte?

a) Sí, he visto jugar varios partidos de __________, en __________

b) No, nunca. Pero me gustaría ver un partido en vivo de __________

12. ¿Conoces a algún artista o cantante profesional?

a) Sí, conozco a alguien *que canta* en __________

b) No, no conozco a nadie *que sea* artista profesional.

13. ¿Crees que en el futuro los deportes serán diferentes?

a) Sí, creo que en el futuro los deportes incluirán mucha tecnología.

b) Sí, creo que en el futuro algunos deportes *que son famosos ahora* desaparecerán, por ejemplo, el / la __________ porque __________

14. En tu opinión, ¿cuál es el deporte más popular en Corea?

a) En mi opinión, el deporte *que es más popular* en Corea es el __________

b) Creo que hay dos deportes *que son los más populares* en Corea: el __________
____, y el __________

DISCUSIÓN
11

En equipo, preparar algunas ideas sobre el siguiente tema

**Preparar juntos las respuestas, todos deben hablar*

Tema de discusión

"El estrés"

El estrés, una enfermedad del siglo XXI

El 2 de noviembre es el "Día de vencer el estrés", una enfermedad que nuestros abuelos desconocían. El estrés es una enfermedad moderna que se ha vuelto tendencia durante los últimos años y que está relacionada con el desarrollo de las nuevas tecnologías y con el ritmo acelerado de la vida diaria. Vivir alterados, corriendo y al tanto del consumismo (moda, redes sociales, etc.), así como el trabajo bajo presión son algunos de los factores que provocan esta enfermedad del siglo XXI.

1) ¿Cómo influye el estrés en nuestras vidas?

2) ¿Es grave el nivel de estrés en Corea? ¿En qué edades, especialmente?

- Creo que el nivel de estrés es más grave en los estudiantes de primaria / secundaria / bachillerato / universidad, porque ______________________

3) ¿Cómo se podría combatir o evitar el estrés?

Tema
12 En el extranjero

**Oraciones de relativo (adverbiales 1)*

Las **oraciones de relativo** están compuestas por dos frases, donde una de ellas realiza la función de **adverbio**. Hay varios tipos que se relacionan con las funciones del adverbio: de **tiempo** (Vine ***cuando me avisaste***. Empezaremos ***cuando lleguen***. Se divirtió ***mientras pudo***), de **lugar** (Puse las llaves ***donde estaban***. Encontré el libro ***donde dijiste***).

**En los ejercicios, están en cursivas.*

Avanzado

Práctica gramatical

Ejercicio 1

Completar con oraciones adverbiales de TIEMPO (cuando, mientras)

1. Los chicos duermen mucho (ESTAR) ____________________ enfermos o muy cansados.
2. Aprendimos a bailar salsa (ESTUDIAR) ____________________ en Cuba.
3. Pensaba siempre en mis padres (VIVIR) ____________________ lejos de ellos.
4. Viajó por Europa (TENER) ____________________ dinero suficiente
5. Siempre jugábamos en el parque (SER) ____________________ niños.
6. Vamos a ver una película (TERMINAR) ____________________ este reporte.

Respuestas

정답

1. cuando están	2. mientras estudiábamos	3. cuando vivía
4. mientras tuvo	5. cuando éramos	6. cuando terminemos

Ejercicio 2

Completar con oraciones adverbiales de LUGAR (donde)

1. Encontré el libro (tú-DECIR) ____________________
2. Nos reuniremos (usted-INDICAR) ____________________
3. Mi abuelo pesca (HABER) ____________________ más corriente en el río.
4. Yo estaré siempre (tú-ESTAR) ____________________
5. Compraron las pizzas (tú-RECOMENDAR) ____________________
6. ¿Tú vives (TERMINAR) ____________________ el parque?

Respuestas

정답

1. donde tú dijiste	2. donde usted indique	3. donde hay
4. donde tú estés	5. donde tú recomendaste	6. donde termina

Práctica de conversación

1. ¿Qué museo recomendarías visitar a un extranjero, en Corea?

a) Recomendaría visitar el museo __________, porque __________

b) Recomendaría visitar un palacio o un templo, porque __________

2. ¿Te gusta comprar cosas típicas (전형적인) cuando viajas?

a) Sí, me gusta comprar cosas típicas de *donde visito*, por ejemplo __________

b) No, no me gusta comprar recuerdos *donde sea*, pero a veces __________

c) No, no me gusta comprar cosas típicas *adonde voy*, porque __________

3. ¿Qué tipo de museos te gusta visitar cuando viajas?

a) Me gusta visitar los museos de arte *cuando puedo*, porque __________

b) Me gusta visitar los museos de historia para __________

c) Me encanta visitar los museos interactivos, porque __________

d) No me gusta visitar museos *cuando viajo*, porque __________

4. ¿De los museos que conoces, cuál ha sido el más impresionante (인상적인)?

a) El museo que me ha impresionado más es el de __________

5. ¿Crees que en el futuro los museos serán diferentes?

a) Creo que los museos serán lugares *donde no habrá* ningún objeto real, porque _______________________

b) Sí, creo que en el futuro los museos incluirán cada vez más tecnología, como en ____________________

c) No, creo que los museos serán siempre iguales *donde sea*.

6. ¿Acostumbras llevar algo especial en tus viajes?

a) Acostumbro llevar medicinas / vitaminas /__________

b) Acostumbro llevar amuletos (부적) / fotos de mi familia / regalos para las personas que conozca *cuando viaje*.

c) No acostumbro llevar nada especial en mis maletas, a menos que _________

7. ¿Piensas que es importante viajar por el extranjero?

a) Sí, creo que es bueno conocer *donde sea*, porque __________

b) No, creo que no es tan importante, porque ahora *dondequiera* hay problemas y peligros, por eso, es mejor __________

8. ¿Alguna vez te has encontrado alguna cosa en la calle?

a) Sí, una vez, me encontré un / una __________, *donde menos esperaba*; eso fue cuando __________

b) Nunca me he encontrado ninguna cosa, pero *cuando estaba en* ___________ me pasó algo raro: __________

9. ¿Has tenido alguna mala experiencia durante algún viaje?

a) Sí, tuve un problema *cuando viajé* a __________, mi problema fue que _______________________

Avanzado

b) No he tenido ningún problema, pero mi __________ tuvo un problema *cuando viajó* a __________. Su problema fue que __________

10. ¿Cuál crees que sea el lugar más visitado de América Latina?

a) Probablemente, el lugar más visitado de América Latina sea __________

11. ¿Cuál ha sido tu mejor experiencia durante algún viaje?

a) Mi mejor experiencia fue *cuando viajé* a __________. Sucedió que ________ ____________________

DEBATE

1

En equipo, preparar algunas ideas sobre el siguiente tema

La "obligación" de beber

Desde la primera reunión de ingreso a la universidad, aparece la "obligación de beber" con los mayores: con estudiantes mayores, con profesores, o también entre compañeros, porque ya somos mayores de edad. Es común también que en las entrevistas de trabajo se pregunte si la persona sabe beber, ya que muchos buenos negocios se realizan durante las comidas o cenas, por lo general acompañadas con licor.

a) ¿El menor puede rechazar una copa que le ofrecen los mayores?

- El menor debe seguir una tradición, porque ____________________
- Esta manera de obligar no debe continuar, porque ____________________

b) ¿Cuándo se puede rechazar una copa?

- Pensamos que ____________________

c) ¿Qué ocurre con las personas que no pueden beber por su ideología o por su salud, pero no quiere decirlo?

- En esos casos, ____________________

d) En conclusión: ¿Debe mantenerse la obligación de beber, sí o no?

- Pensamos que la obligación de beber (SÍ / NO) debe desaparecer porque ____________________

Debate: Sugerencias para organizarlo

Fórmulas para iniciar

1. En opinión de nuestro grupo, ...
2. Estamos convencidos de que...
3. Nosotros pensamos / creemos / opinamos / consideramos / suponemos que...
4. A nosotros nos parece que...

Mostrar desacuerdo

1. No estamos de acuerdo contigo __________
2. Nosotros no pensamos así __________
3. ¡Qué va! ¡Eso no es así!

Matizar una opinión

1. Estamos parcialmente de acuerdo con ustedes, pero...
2. Eso es cierto, pero además...

Rechazar

1. No, espera, nosotros no queríamos decir eso __________
2. ¡Perdona! No nos hemos explicado bien __________
3. Lo que yo quería decir en nombre de mi grupo es que...
4. Espera, espera... ¡Déjame terminar, por favor!

Concluir

1. Para finalizar, queremos decir que __________
2. La conclusión de nuestro grupo es que __________

Tema 13

Correo y mudanza

**Oraciones de relativo* (*adverbiales 2*)

Las **oraciones de relativo** están compuestas por dos frases, donde una de ellas realiza la función de **adverbio**, como dijimos en el tema anterior. Estas oraciones pueden sustituirse por un adverbio de tiempo o de lugar, pero también de **modo** (Prepararon el tema ***como se indicó*** / Hagan ***como les dijeron***) y de **cantidad** (Ahorra ***cuanto puedas*** / Dormí ***cuanto pude***).

**En los ejercicios, están en cursivas.*
Hay también ejemplos de tiempo y de lugar.

Avanzado

Práctica gramatical

Ejercicio 1

Completar con oraciones de relativo adverbiales de MODO (como...)

1. Sabe preparar café (le-ENSEÑAR) ____________________ su madre.
2. Llegamos sin problemas, (tú-nos-EXPLICAR) ____________________
3. Juega (al) futbol-fútbol (JUGAR) ____________________ su padre, son idénticos.
4. Arreglé mi coche (PODER) ____________________, pero lo llevé luego al taller.
5. Escribieron el reporte (ORDENAR) ____________________ su profesor.
6. Instalaron la televisión (DECIR) ____________________ el instructivo.

Respuestas

정답

1. como le enseñó 2. como tú nos explicaste 3. como juega
4. como pude 5. como ordenó 6. como decía

Ejercicio 2

Completar con oraciones de relativo de CANTIDAD (cuanto...)

1. Rafael duerme (QUERER) ____________________ los sábados y domingos.
2. Por favor, usa bolsas de vinil (PODER) __________________ para cuidar la ecología.
3. Los niños juegan (DESEAR) __________________ durante las vacaciones.
4. Hijo, come (QUERER) ____________________, alcanza muy bien para todos.
5. Trabajamos (PODER) ____________________ por el bien del país.
6. Mi madre compra (DESEAR) ____________________, en todas las tiendas.

Respuestas

정답

1. cuanto quiere	2. cuanto puedas	3. cuanto desean
4. cuanto quieras	5. cuanto podemos	6. cuanto desea

Práctica de conversación

1. ¿Usas regularmente los servicios del correo (우체국)?

a) Sí, los uso *cuando envío cartas* / documentos / paquetes / __________

b) No, casi no uso los servicios del correo, porque __________

2. ¿Cómo preferirías mandar paquetes al extranjero, por mar o por avión?

a) *Cuando fuera algo grande o pesado*, preferiría mandar el paquete por correo marítimo (해상 우편), porque __________

b) Preferiría mandar los paquetes *cuando me recomendaran por correo aéreo*, porque __________

c) Nunca he mandado paquetes a otro país, pero preferiría __________

3. Para un documento importante y urgente ¿qué tipo de envío usarías?

a) Preferiría usar el correo normal, *si fuera posible*, porque __________

b) *Si fuera urgente*, preferiría usar mensajería exprés, para que __________

4. ¿Sueles enviar cartas o tarjetas de felicitación en fechas especiales?

a) *Cuando se puede*, envío cartas o tarjetas de felicitación a __________

b) Mando cartas y tarjetas pero no de felicitación, prefiero mandar *cuando quiera* y *adonde sea*.

5. ¿Alguien te ha enviado últimamente alguna carta o tarjeta?

a) Sí, recibí una carta de __________ *cuando menos esperaba*, era de __________

b) No, nunca he recibido ninguna carta por correo (우편).

6. ¿Qué piensas de las tarjetas por Internet, a quiénes no se les podrían enviar?

a) Yo mando tarjetas por Internet *adonde sea*, pero nunca a __________

b) No acostumbro mandar tarjetas ni felicitaciones por Internet, porque *como dicen*, __________

7. ¿Qué prefieres mandar a tus amigos: fotos o tarjetas por Internet?

a) Prefiero mandarles fotos *cuando puedo*, para __________

b) Casi nunca mando fotos, prefiero enviar por Internet mensajes o tarjetas *como les gustan* a mis amigos.

8. ¿Qué opinas sobre el servicio de correo, en Corea?

a) Creo que es tan bueno / eficiente / rápido / barato, *cuanto puede*.

b) Creo que es malo / ineficiente / lento / caro, ya que __________

9. ¿Preferirías escribir una carta manuscrita (손으로 쓴 편지) o por computadora?

a) Prefiero escribirla a mano, *cuando se trata* de __________

b) No escribo cartas en papel nunca, prefiero enviar todo por correo electrónico, porque __________

10. ¿Alguna vez has comprado algo de otro país? ¿Cuánto tiempo tardó en llegarte?

a) Sí, una vez compré un / una / unos / unas __________ y tardó __________ días / ________ semanas en llegar, *como me prometieron*.

b) No, nunca he comprado nada que venga desde otro país.

11. Cuando compras algo en sitios web internacionales, ¿convendría usar el correo normal o el correo exprés para recibir tu compra?

a) Cuando se compra en el extranjero, conviene el correo exprés *como recomiendan*, porque __________

b) Cuando se compra en el extranjero, conviene el correo normal porque así se puede comprar *cuanto se quiera*; en cambio, __________

12. ¿Te gusta comprar en sitios web internacionales, como Amazon u otros?

a) Sí, me gusta mucho comprar en __________, *como recomiendan* en la página de __________

b) No, nunca he comprado nada en sitios web internacionales, no confío en los productos *como los anuncian*, porque __________

13. ¿Alguna vez te has mudado?

a) Sí, me he mudado varias veces, a __________, a __________ y a __________

b) Sí, mi familia se mudó a __________ y tuve que ayudar *como me pidieron*, haciendo / llevando / acomodando / __________

14. ¿Cómo enviaste tus cosas cuando te mudaste o cuando se mudaron?

a) Envié algunas cosas: mi __________ y mis __________ por __________

b) Se contrató un servicio de mudanza *como nos recomendaron*, para que ______ ______

15. Hoy en día (오늘날), ¿te gustaría cambiar de casa?

a) Sí me gustaría cambiarme de *donde vivo*, así que debo __________

b) No me siento bien *donde vivo ahora*, me cambiaría *adonde sea*, pero __________

______

***Pregunta a TODOS tus compañeros**

1) Mi compañero(a) __________ está bien *donde vive* y yo también.

2) Mi compañero(a) __________ prefiere mudarse *adonde sea* y yo también.

Avanzado

DISCUSIÓN

12

En equipo, preparar algunas ideas sobre el siguiente tema

**Preparar juntos las respuestas, todos deben hablar*

Tema de discusión

"El abandono del campo de Corea"

Los jóvenes no quieren trabajar en el campo

Ya es grave el problema de despoblamiento del campo, la razón es porque no hay nuevas generaciones en las tareas del campo: los jóvenes no quieren ir a trabajar en el campo porque no es rentable y porque piensan que la mejor calidad de vida está en las ciudades, *donde buscan* buenos trabajos.

Por otra parte, los jóvenes que van a la ciudad para estudiar en la universidad, difícilmente desean volver a sus pueblos natales. Esto ha provocado que en países como Corea y la mayoría de los países europeos se tomen medidas para repoblar el campo, especialmente *donde la mayoría de la población* es de avanzada edad.

1) ¿Cuál es la edad promedio de la población que vive actualmente en el campo, en Corea del Sur, aproximadamente?

2) ¿Por qué los jóvenes que salen del campo hacia la ciudad para estudiar no quieren volver?

3) ¿Qué pensarían sobre esta situación los mayores que se quedan en el campo?

Tema 14

Banca electrónica

**Imperativo; tecnicismos bancarios*

La **economía** ha influido en el **vocabulario**, incorporando al habla común numerosos **tecnicismos**. La banca electrónica o banca en línea permite realizar todas las operaciones desde casa con el celular o por computadora: ***consulta*** tu ***saldo***, ***paga cuentas*** y ***recibos***, ***haz transferencias***, ***contrata servicios***, ***crea tarjetas virtuales***, etc. Gracias a (덕분에) la ***banca electrónica***, ***gestiona*** tu dinero cuando quieras, desde donde quieras. Lo único que necesitas son tus claves que se consiguen al contratar este servicio gratuito y, por supuesto (물론), conectarte a Internet.

*El modo **imperativo** de los verbos ordena solamente en dos personas: **tú** y **ustedes**: tú, ***apaga*** la luz; ustedes, ***compren*** su libro.

Como se trata de órdenes, **no** se puede usar cuando se habla con los **mayores**. En el caso de los mayores, se usa el subjuntivo: profesor, apague la luz, por favor.

Avanzado

Práctica gramatical

Ejercicio

Escribir los verbos en IMPERATIVO, NO se necesita escribir el sujeto

1. (tú-TOMAR) ____________ la medicina tres veces al día.
2. (ustedes-ABRIR) ____________ sus libros en la página 58.
3. (tú-COMPRAR) ____________ el pollo, yo llevaré las cervezas.
4. (ustedes-CERRAR) ____________ la puerta al salir.
5. (tú-DECIRME) ____________ toda la verdad, por favor.

6. (ustedes-LLEVAR) __________ sus llaves, no habrá nadie en casa.
7. (tú-SERVIR) __________ las copas, ya llegaron los invitados.
8. (ustedes-ENVIAR) __________ el paquete a mi casa, por favor.
9. (tú-PASAR) __________ por Cecilia, te espera a las 8:00.
10. (ustedes-VENIR) __________ rápido, los estamos esperando.

Respuestas

정답

10. Vengan	9. Pasa	8. Envíen	7. Sirve	6. Lleven
5. Dime	4. Cierren	3. Compra	2. Abran	1. Toma

Práctica de conversación

1. ¿Te gusta ir al banco?

a) Sí, me gusta ir al banco, para __________

b) No me gusta, prefiero hacer mis operaciones bancarias por Internet (인터넷 뱅킹), porque __________

2. ¿Usas con frecuencia los cajeros automáticos (ATM)?

a) Sí, dos veces a la semana voy al cajero automático, ya que __________

b) No me gusta usar los cajeros automáticos, porque __________

3. ¿Usas regularmente los servicios de la banca electrónica (온라인 뱅킹) en tu celular?

a) Sí, uso regularmente los servicios del banco por Internet en mi tableta (태블릿 컴퓨터) o en mi celular, porque __________

b) No, no uso los servicios por Internet ni en mi celular, porque __________

4. ¿Estás ahorrando en el banco?, ¿tienes algún plan para tus ahorros?

a) Tengo una cuenta de ahorros en wones / en dólares / en euros; estoy ahorrando para __________

b) Sí tengo cuenta de ahorros, pero no tengo ningún plan en concreto por ahora; tal vez __________

5. ¿Tienes tarjeta de débito (직불) o tarjeta de crédito (신용)?

a) Tengo una tarjeta de débito, la uso para mi beca y es la que ___________

b) Tengo una tarjeta de crédito que pagan mis padres, es la que ___________

c) Aunque tengo tarjeta, prefiero usar efectivo porque ___________

6. ¿Recibes puntos cuando usas tu tarjeta de crédito?

a) Sí, recibo millas que puedo usar para viajar o para ___________

b) Sí, recibo puntos que puedo usar para ___________

7. ¿Compras productos extranjeros?

a) Sí, hay productos que no existen en Corea o que son mejores, como _______ ______________________

b) Nunca compro productos extranjeros, prefiero los nacionales.

8. ¿Dónde prefieres comprar dólares o euros o yenes para viajar?

a) Prefiero cambiar mis wones en el aeropuerto de Corea.

b) Prefiero cambiar en el aeropuerto de la ciudad adonde llego.

c) Nunca he cambiado dinero, porque prefiero usar mi tarjeta de crédito cuando viajo.

9. Cuando compras viajando, ¿cómo pagas?

a) Prefiero pagar en efectivo, porque es más barato.

b) Prefiero pagar con tarjeta de crédito, porque ___________

10. ¿Te gusta oír consejos antes de comprar o decides solo(a)?

a) Me gusta oír consejos, porque ___________

b) Prefiero hacer como yo quiero, porque ___________

11. ¿Utilizas más dinero en efectivo o tarjeta de crédito?

a) Utilizo más ___________ porque ___________

12. ¿Podrías enviar dinero a una cuenta bancaria en el extranjero?

a) Sí, dame los datos y la cuenta para __________

b) No, nunca he enviado dinero a ninguna cuenta bancaria en el extranjero.

13. ¿Conoces algunos beneficios (장점) extras de la tarjeta de crédito?

a) Sí, en el aeropuerto puedo esperar en una sala especial donde __________

b) Yo sé que hay descuentos en __________, si pagas con tarjeta de crédito.

c) No, no conozco ningún beneficio de las tarjetas de crédito.

14. ¿Qué piensas de esos beneficios de las tarjetas de crédito?

a) Creo que es justo que le den un premio al cliente, porque __________

b) Creo que es injusto, porque esos beneficios los pagan con mi dinero; en cambio __________

15. ¿Quién compra más en tu familia?

a) Mi papá / mi mamá / mi hermano(a) es el que / la que más compra.

b) Yo soy el / la que compra más en mi familia, porque __________

16. Dame tu número de celular / móvil, por favor.

a) ¡Claro! Dame el tuyo también.

b) No es necesario, es el mismo de siempre.

17. Dime un secreto, no lo diré a nadie.

a) Mejor, dime tu secreto primero.

b) No tengo secretos.

DISCUSIÓN
13

En equipo, preparar algunas ideas sobre el siguiente tema

**Preparar juntos las respuestas, todos deben hablar*

Tema de discusión

"Los piratas en Internet"

Los mejores piratas informáticos

Un programa diseñado en Corea capacitó a expertos en informática, para defender al país de los ataques cibernéticos nacionales y extranjeros. Numerosos piratas informáticos (*hackers*) estudiaban en sus teclados en una sala llena de computadoras potentes. Su misión era quebrar la seguridad de los servidores virtuales en un mundo simulado. Sin embargo (그럼에도 불구하고), estos piratas no estaban fuera de la ley. En este grupo de expertos había estudiantes de secundaria hasta universitarios, sin duda (의심할 것 없이) las más brillantes mentes para la defensa de la nación en la guerra contra el crimen cibernético.

1) ¿Se puede justificar la piratería de *software*?

2) ¿Si se copia un programa, qué problemas puedes tener?

3) ¿Qué responsabilidad tienen los dueños de esas compañías que venden tan caros sus sistemas?

Tema
15 En la carretera

*Condicional simple; conocer / saber

El **condicional simple*** es el tiempo verbal que sirve para expresar **duda** sobre el pasado (creí que no ***pasaría***); una **hipótesis** (***sería*** mejor así); expresar un **deseo** (***me gustaría*** ir); pedir con **cortesía** (***¿podrías*** ayudarme?); para **sugerir** (***deberías*** descansar), etc.

Los verbos **conocer*** y **saber*** se confunden con frecuencia (no la ***conozco***; ***sabes*** cocinar). Usamos **conocer** cuando nos referimos a **personas** y **lugares** (te ***conozco***, ***conocí*** Cuba). Usamos **saber** para expresar **datos**, **informaciones** y **habilidades** (***saben*** cómo llegar, ***sé*** que hay examen, ***sabe*** hablar español).

*Están con cursivas en los ejercicios.

Práctica gramatical

Ejercicio 1

Completar las oraciones condicionales simples (~ría)

1. Si hablara más fuerte, todos lo (ESCUCHAR) __________ mucho mejor.
2. Si escucharan bien, (ellos-COMPRENDER) __________ más fácilmente.
3. Si comprendieran fácilmente la clase, (ellos-HACER) __________ un buen examen.
4. Si yo fuera presidente, (ACABAR) __________ con la pobreza.
5. Si acabara con la pobreza, todos (VIVIR) __________ felices.
6. Si todos vivieran felices, el mundo (SER) __________ un paraíso.

Respuestas

정답

1. escucharían	2. comprenderían	3. harían
4. acabaría	5. vivirían	6. sería

Ejercicio 2

Escoger el verbo CONOCER o SABER, según convenga

1. Si le llamaras, no te contestaría porque no te (sabe / conoce) ___________
2. No (sé / conozco) ___________cómo llegar a tu trabajo.
3. ¿La (sabes / conoces) ___________? Es nuestra nueva compañera.
4. Todos los niños y los jóvenes (saben / conocen) ___________ manejar muy bien la computadora.
5. En cambio, los adultos, apenas si (saben / conocen) ___________ cómo encenderla.
6. Iremos después a Cuba porque ahí no (sabemos / conocemos) ___________

Respuestas

정답 | 1. conoce 2. sé 3. conoces 4. saben 5. saben 6. conocemos

Práctica de conversación

1. ¿Has ayudado en alguna emergencia en carretera?

a) Sí, una vez ayudé a llamar al 119, cuando *supe* que ___________

b) Sí, una vez llevé a un niño perdido que no *conocía* el lugar, ___________

c) No, nunca me ha tocado una emergencia, pero *sé* cómo actuar en caso de que ocurriera.

2. ¿Te han ayudado en situaciones difíciles?

a) Sí, mis amigos me ayudaron cuando no *conocía* a nadie para ___________

b) Sí, ___________me ayudó cuando yo no *sabía* cómo ___________ / cuando no *conocía* ___________

3. ¿Pedirías ayuda o preferirías resolver solo(a) algún problema?

a) *Preferiría* hacerlo solo(a), yo *sé* cómo resolver mis problemas.

b) *Preferiría* pedir ayuda o consejos para ciertos problemas, como por ejemplo, cuando no *conozco* __________

4. ¿En dónde podrías trabajar como voluntario(a) (자원 봉사)?

a) Me *gustaría* trabajar como voluntario(a) en un asilo de ancianos, para *saber* más de __________

b) Me *gustaría* ayudar como voluntario(a) en comunidades pobres, para *conocer* a personas __________

5. ¿Has visto algún accidente?

a) Sí, vi un choque de varios autos; nadie *sabía* qué hacer, por eso, yo __________ ____________________

b) Sí, vi que un(a) estudiante __________, entonces yo __________

c) No, nunca he visto un accidente.

6. ¿Qué comerías en los paraderos (휴게소) de la carretera?

a) En los paraderos, *comería* papas fritas / calamar asado / churros / __________

b) *Comería* un *odeng* / un *udon* / un *ramen* / __________

c) *Procuraría* no comer nada en los paraderos, porque no *sé* qué tan __________

7. ¿Qué comprarías en los paraderos, además de comida?

a) *Compraría* una gorra / unos lentes oscuros / una bufanda /__________

b) No *compraría* nada.

8. ¿Qué tipo de coche te gustaría tener?

a) Me *gustaría* tener un __________ para *conocer* todo Corea.

b) Me *gustaría* tener un coche, pero *preferiría* tener primero una motocicleta / una bicicleta / un patinete, porque __________

9. Si viajaras por Corea, ¿que preferirías: coche, autobús o tren?

a) En Corea, me *gustaría* viajar en coche / en autobús / en tren para *conocer* mejor y porque __________

10. ¿Sabes conducir / manejar?, ¿tienes licencia de conducir?

a) Sí, *sé* conducir y tengo licencia / permiso / carné de conducir.

b) Sí, tengo mi licencia pero todavía no *sé* conducir bien, debo practicar más.

c) No, no *sé* conducir ni tengo licencia / permiso / carné de conducir.

11. ¿Qué es lo más difícil de aprender al conducir: el control de espejos o cómo estacionar el coche?

a) Creo que lo más difícil sería *saber* controlar la visión en los espejos, porque ________

b) Creo que lo más difícil sería *saber* cómo estacionar el coche, porque ________

12. ¿Alguna vez has chocado o alguien de tu familia?

a) Sí, una vez choqué mi coche con otro en ________ porque ________

b) Sí, una vez el coche en el que viajaba chocó con otro en ________

c) No, nunca ha chocado nadie de mi familia y no me *gustaría* que sucediera.

13. Si viajaras en coche por muchas horas ¿qué harías para no aburrirte?

a) *Llevaría* un / una ________ para leer en el camino.

b) Durante el camino, *escucharía* música / *dormiría* / ________

c) Yo *preferiría* ________ durante el camino.

14. ¿Qué cosas sabes componer o arreglar?

a) *Sé* cambiar lámparas, *sé* arreglar computadoras ________

b) *Sé* arreglar tuberías de agua / bicicletas / ________

c) No *sé* arreglar ni componer nada.

***Encuentra a un(a) compañero(a) que tenga igual respuesta**

1) Mi compañero(a) ________ sabe ________ y yo también.

2) Mi compañero(a) ________ no sabe componer nada ni yo tampoco.

Avanzado

Ejercicio 3

¿Qué partes del automóvil *conoces* en español?

**En equipos, escribir en las líneas los nombres de las partes del coche.*

**El equipo que termine primero, ¡ganará!*

puerta placa parrilla parabrisas quemacocos rueda
llanta ventanilla cuartos luces limpiabrisas
cajuela / maletero defensa / parachoques espejo retrovisor

Respuestas

정답

1. quemacocos	2. parabrisas	3. limpiabrisas	4. parrilla
5. luces	6. placa	7. cuartos	8. defensa / parachoques
9. cajuela / maletero	10. ventanilla	11. puerta	12. espejo retrovisor
13. llanta	14. rueda		

DISCUSIÓN

14

En equipo, preparar algunas ideas sobre el siguiente tema

**Preparar juntos las respuestas, todos deben hablar*

Tema de discusión

"El auto ideal del futuro"

El auto del futuro

El automóvil moderno es cada vez mejor, su tecnología experimenta día a día una revolución para acabar con sus mayores problemas actuales: dejará de contaminar, no habrá más accidentes en los que la gente muera y evitará el tráfico. Además, se estacionará fácilmente, ahorrará combustible o energía, serán más cómodos y con diseños atractivos. Son demasiados detalles, ¿será posible que estos sueños se hagan realidad?

1) ¿Cómo sería el auto ideal del futuro?

2) ¿Qué cambios y accesorios le pondrían al auto del futuro?

3) ¿Qué harían para que todos pudieran tener ese tipo de auto?

Tema

16 Servicios médicos

**Tecnicismos médicos y especialidades*

El área de los **servicios médicos** tiene una gran cantidad de tecnicismos para sus funciones y para las **especialidades médicas**.

Entre las palabras técnicas que debemos conocer están:

biopsia: pequeña porción de tejido que se toma para estudiarlo

dieta blanda: comer alimentos suaves de fácil digestión

luxación: lastimadura del hueso que no llega a fracturarse (a romperse)

taquicardia o arritmia: problema por el ritmo acelerado del corazón

cefalea: dolor de cabeza muy intenso

**En las lecciones siguientes, están en cursivas.*

Práctica de conversación

1. ¿Piensas que es importante ir al dentista (치과) con frecuencia?

a) Sí, yo voy cada tres meses, porque estoy en *tratamiento dental* (치과 치료).

b) Voy dos veces al año, para la *limpieza dental* (스케일링).

2. ¿Recibiste algún curso sobre cuidado dental cuando eras niño?

a) Sí, cuando era niño, un *pasante* (담당 교수) de *odontología* (치과학) nos dio un curso en mi escuela primaria.

b) Sí, en la secundaria recibí un curso sobre limpieza y cuidado dental y nos regalaron *hilo dental*, *enjuague bucal* y __________

3. ¿Te han sacado alguna muela del juicio (사랑니)?

a) Sí, me sacaron todas las *muelas del juicio* para mi tratamiento de *ortodoncia* (치아 교정).

b) Solo me han sacado __________ muela(s) del juicio, porque __________

c) No me han sacado ninguna, las tengo todas y esperaría que no me quitaran ninguna porque se desajustaría la *dentadura* y __________

4. ¿A cuál clínica prefieres ir?

a) Voy a la clínica de la universidad, porque aunque (...에도 불구하고, ...이지만) sea pequeña tiene todos los aparatos más avanzados.

b) Voy al hospital donde va mi familia, porque __________

5. ¿Te gusta hacerte revisiones médicas?

a) Sí me gusta, en cuanto se presenta cualquier *síntoma* hago una cita, porque __________

b) No, no me gusta ir al médico, pero si tengo *malestar* o *fiebre* voy de inmediato para que me hagan una *biopsia* y __________

6. ¿Tienes algún seguro médico?

a) Sí, tengo el *seguro médico* escolar de la universidad que cubre __________

b) Sí, tengo un *seguro privado* en la compañía __________, con una *prima* (보험료) que cubre gastos completos.

7. ¿Qué médicos acostumbras visitar con más frecuencia?

a) Suelo visitar al *oculista* (안과) / al *dentista* / al __________

b) Prefiero visitar al *acupunturista* (침술사) / al *médico tradicional* (한의사), porque __________

cardiólogo (심장병 (전문의))
ginecólogo (부인과 (전문의))
dietista (영양사)
nefrólogo (신장병 (전문의))
neurólogo (신경과 (전문의))
dermatólogo (피부과 (전문의))
ortopedista (정형외과 (전문의))

8. Si estudiaras Medicina, ¿qué especialidad escogerías?

a) Escogería la especialidad en __________, para __________

b) Escogería ser médico(a) *naturista*, porque __________

9. ¿Cuál prefieres, la medicina natural o la alópata (대증요법 의사)?

a) Prefiero la medicina *naturista* (자연요법 약), porque __________

b) Prefiero la medicina *alópata*, porque __________

10. ¿Qué especialidad médica te parece de mayor riesgo (위험)?

a) Me parece más difícil la especialidad del *cirujano* (외과), porque __________

b) Creo que todas las especialidades tienen su riesgo, por ejemplo __________

11. ¿Cómo te parece la seguridad médica en Corea?

a) Es pública y muy __________ / es privada y muy __________

b) Es eficiente / rápida / completa, porque __________

12. ¿Acostumbras visitar a tus conocidos cuando están en el hospital?

a) Sí, siempre los visito cuando están *internados*, porque __________

b) No, nunca los visito, porque __________

13. ¿Has estado hospitalizado(a) alguna vez?

a) Sí, una vez, porque me hicieron una *cirugía* (수술) (en el estómago / en la pierna / en los ojos / en la nariz / en __________)

b) No, nunca, afortunadamente. Soy muy sano(a) porque __________

14. ¿Has padecido alguna enfermedad crónica (만성 질환)?

a) No, nunca he padecido ninguna *enfermedad crónica*, pero (mi amigo / mi __________) sí padece (*cefalea* / *taquicardia* / __________)

15. Si el *dietista* te recomendara dieta blanda (부드러운 음식), ¿qué comerías?

a) Comería verduras cocidas al vapor (증기로 찐) con pollo hervido.

b) Comería __________

Práctica gramatical

Ejercicio

Relacionar las columnas de especialidades médicas, con los números

( ) a) Tengo la piel reseca (피부가 건조하다), debo ir al...	1. dentista
( ) b) Tus ojos están muy rojos, debes ir al...	2. cardiólogo
( ) c) Reviso mis dientes dos veces al año, con el...	3. ginecólogo
( ) d) Me recomendó una dieta blanda el...	4. oculista
( ) e) Si tienes problemas de taquicardia, debes ir al...	5. ortopedista
( ) f) Con agujas (침) puede aliviarte el dolor, el...	6. neurólogo
( ) g) Me golpeé la cabeza y me duele, debo ir con el...	7. dermatólogo
( ) h) Para cuidar su embarazo (임신), ella va con el...	8. acupunturista
( ) i) Los problemas del riñón (신장) los atiende el...	9. pediatra (소아과)
( ) j) A los niños, los cura el...	10. dietista
( ) k) Me lastimé mi pie practicando tenis, debo ir al...	11. cirujano
( ) l) Al médico que hace cirugías se le llama...	12. nefrólogo

Respuestas

정답 a (7) b (4) c (1) d (10) e (2) f (8) g (6) h (3) i (12) j (9) k (5) l (11)

Avanzado

DISCUSIÓN

15

En equipo, preparar algunas ideas sobre el siguiente tema

**Preparar juntos las respuestas, todos deben hablar*

Tema de discusión

"Los servicios de salud, ¿gratuitos y para todos?"

El seguro de salud

Corea del Sur aprobó, desde hace muchos años, una ley que hizo obligatorio el seguro de salud para los trabajadores. Junto a su rápido crecimiento económico, los servicios públicos de salud se volvieron un punto importante para el gobierno, por eso, se creó el Seguro Nacional de Salud. Pero el financiamiento público es limitado y los pagos por el seguro son relativamente altos. Las preguntas serían: 1) ¿Habría alguna forma de que el seguro de salud no fuera tan caro? 2) ¿La gente pobre podría tener un seguro gratuito de buena calidad?

1) ¿Cuáles son los servicios gratuitos de salud en Corea?

- Los servicios gratuitos de salud son ____________________

2) ¿Cuáles servicios de salud deberían ser gratuitos y para todos?

- Pensamos que deberían ser gratuitos ____________________

3) ¿Los servicios de salud gratuita, deberían incluir a las personas que están ilegales en Corea?

- Pensamos que las personas ilegales en Corea ____________________

Tema

17 Las posibilidades

**Oraciones condicionales simples y compuestas*

Las **oraciones condicionales simples** expresan un hecho futuro desde una perspectiva pasada (Dijeron que ***vendrían***).

Las **oraciones condicionales compuestas** se forman con el verbo auxiliar **HABER** + **~ado, ido, so, to, cho**, para describir acontecimientos que **no** se realizaron **ni** se podrán cumplir (***Habrías podido avisarnos*** para no esperarte)

**En cursivas en los ejercicios.*

Avanzado

Práctica gramatical

Ejercicio

Completar las condicionales compuestas: HABRÍA + ~ado, ido, so, to, cho

1. A estas horas, ya (nosotros-LLEGAR) ____________________ a Cancún, pero se atrasó el vuelo.
2. ¿En qué (él-PENSAR) ____________________ cuando hizo esa locura?
3. Si hubiera sabido del problema (yo-PRESENTAR) no me ____________________ ____________
4. El niño (SOÑAR) ____________________ pesadillas, porque llamaba llorando a su mamá.
5. ¿(DECIR) ____________________ toda la verdad?, la veo muy nerviosa.
6. En un año más, todos (ALCANZAR) ____________________ máquinas nuevas, pero se canceló el proyecto.
7. Perdón por llegar tarde, no (yo-LLEGAR) ____________________ tarde si el autobús hubiera pasado por mí.
8. Creo que (nosotros-HACER) ____________________ lo correcto, veremos si se presenta otra oportunidad.

9. Ana me llamó a las 6, pienso que ya (SALIR) ______________________ de su casa.
10. Si hubieran estado atentos, (ESCUCHAR) ______________________ bien las instrucciones.

Respuestas

정답

1. habríamos llegado	2. habría pensado	3. habría presentado	4. habría soñado
5. Habría dicho	6. habrían alcanzado	7. habría llegado	8. habríamos hecho
9. habría salido	10. habrían escuchado		

Práctica de conversación

1. Si llegaras tarde a una cita de trabajo por quedarte dormido(a), ¿cómo te disculparías?

a) *Diría* la verdad y la razón de la tardanza.

b) *Mentiría* diciendo que fue culpa del tráfico o del taxi.

c) No *iría* a la cita y me *disculparía* por teléfono diciendo que ___________

2. ¿Has llegado tarde a una cita? ¿Te disculpas por la tardanza?

a) Sí, he llegado tarde varias veces, pero no ha habido necesidad porque nunca *habría llegado* tan tarde.

b) Nunca he llegado tarde a ninguna cita. Pero si ocurriera, me *disculparía*.

3. ¿Qué habrías hecho si tuvieras mucho dinero y todo el tiempo del mundo?

a) *Habría viajado* por ___________________________

b) *Habría comprado* ___________________________

4. ¿A qué te dedicarías si no fueras estudiante?

a) *Trabajaría* en ___________________________

b) *Sería* ___________________________

c) *Me dedicaría* a ___________________________

5. Si no hubiera transporte público, ¿cómo habrías venido a la universidad?

a) *Habría venido* en bicicleta / en motocicleta / en __________

b) *Habría caminado*, porque vivo muy cerca, en __________

c) No *habría venido* a la escuela, porque vivo demasiado lejos y __________

6. ¿Qué harías si hubieras encontrado un celular en la universidad?

a) *Habría esperado* a que el dueño me llamara para devolvérselo.

b) Lo *habría llevado* a la conserjería (경비실) o a la oficina para que el encargado lo devolviera.

c) Lo *habría dejado* en ese mismo lugar.

7. ¿Adónde irías si pudieras estudiar en el extranjero?

a) *Escogería* __________, porque ahí *tendría* __________

b) No me *interesaría* salir al extranjero para estudiar, *preferiría* quedarme en Corea.

8. ¿Qué habrías hecho si hubieras perdido tu celular esta mañana?

a) *Habría llamado* hasta que me respondieran y le *habría pedido* __________

b) No *habría venido* a la universidad y *habría* __________

9. Si pudieras aprender otro idioma, ¿cuál te gustaría aprender?

a) Me *gustaría* aprender __________, porque __________

b) No *me gustaría* aprender otro idioma, ya sé (3, 4) __________ y creo que son suficientes.

***Pregunta a TODOS tus compañeros**

1) A mi compañero(a) ________ le gustaría aprender ________ y a mí también.

2) Solamente a mí me gustaría aprender ________ y a nadie más.

Avanzado

10. Si tu mejor amigo(a) tuviera un grave problema, ¿crees que te pediría ayuda?

a) Creo que dependiendo de la situación, pero siempre lo / la *ayudaría*.

b) No creo que me pida ayuda, porque __________

11. Si hubieras recordado que hoy tenías un examen muy importante, ¿qué habrías hecho?

a) Si hubiera recordado que hoy tenía examen, *habría* __________

b) *Habría estudiado* de prisa, porque __________

c) No *habría hecho* nada, hubiera sido un caso perdido.

12. ¿Dónde hubieras querido vivir cuando eras niño(a)?

a) *Habría preferido* vivir en una gran ciudad porque __________

b) *Habría escogido* vivir en una hermosa playa porque __________

c) Me *habría gustado* vivir en el campo tranquilo, porque __________

13. Si pudieras cambiar una parte de tu cuerpo ¿qué cambiarías?

a) Yo *cambiaría* (mi / mis) __________ porque __________

b) No me *gustaría* cambiar nada.

14. Si pudieras conocer a alguien famoso ¿a quién te gustaría conocer?

a) *Me gustaría* conocer a __________ porque es un / una excelente médico(a) / filósofo(a) / activista / actor-actriz / cantante.

b) *Me gustaría* conocer a __________ porque creo que es __________

15. Si hubieras podido memorizar (기억하다) o aprender algo mágicamente, en solo una hora, ¿qué habrías escogido?

a) *Me habría gustado* memorizar todo lo de / del ____________________

del ingreso a la universidad	de la clase de matemáticas
de la clase de inglés	del examen de...
de la clase de química	de las tareas

DISCUSIÓN
16

En equipo, preparar algunas ideas sobre el siguiente tema

**Preparar juntos las respuestas, todos deben hablar*

Tema de discusión

"¿Debe haber exámenes o no, en la universidad?"

¿Evaluación sin exámenes?

No hay estudiantes que no sufran haciendo un examen. El silencio, los nervios y el clima de angustia se puede sentir en el aula. Sin embargo (그럼에도 불구하고), en algunas ciudades europeas y de Estados Unidos, desde hace algunos años, no se hace ni un solo examen. Los profesores afirman que este método quiere que los alumnos aprendan las lecciones sin memorizar, porque el objetivo principal es que las comprendan. No se trata de ningún experimento, es una nueva metodología que ha sido desarrollada por universidades de alto prestigio. Esperaremos que pronto llegue a todos los países para mejorar la calidad de vida de los estudiantes.

1) ¿Cuáles son las ventajas de los exámenes?

2) ¿Cuáles son las desventajas de los exámenes?

3) ¿Qué sistema de evaluación inventarías para eliminar exámenes y los trabajos finales?

Tema
18 Mi futuro trabajo

**Condicional simple; subjuntivo*

El **condicional simple** del modo indicativo lo vimos ya antes, en el tema 15, es el tiempo verbal que sirve para expresar **duda** sobre el **pasado**, una **hipótesis**, un **deseo**, etc. La terminación del condicional simple es siempre **~ría**.

Los tiempos del ***modo subjuntivo*** también expresan un ***mundo posible***, de **ideales, deseos** y **probabilidades**.

La gran **diferencia** entre ambos es que el modo subjuntivo va, por lo general, como oración **subordinada** (deseo que te ***vaya*** bien, espero que ***seas*** feliz, avísame cuando ***llegues***, ven cuando ***puedas***).

**En los ejercicios, el modo subjuntivo está en cursivas.*

Práctica gramatical

Ejercicio

Completar las frases con presente de subjuntivo

1. Les deseamos a los novios que (SER) __________ muy felices.
2. Me llena de orgullo que los jóvenes (LUCHAR) __________ por sus ideales.
3. La madre desea que su hijo (VOLVER) __________ pronto a casa.
4. Siempre le molesta que nosotros (HABLAR) __________ de política.
5. Les encanta que (yo-BAILAR) __________ K-pop.
6. Esperamos que (ustedes-LLEGAR) __________ a tiempo para la cena.
7. Tal vez, se sentirán mal cuando (tú-ACLARAR) __________ el asunto.
8. Todos quieren que el ladrón (PAGAR) __________ las consecuencias.
9. Es posible que mañana (LLEGAR) __________ mi tío de California.
10. Me ha pedido que (yo-IR) __________ a recogerlo al aeropuerto.

Respuestas

정답

10. vaya	9. llegue	8. pague	7. aclares	6. lleguen
5. baile	4. hablemos	3. vuelva	2. luchen	1. sean

Práctica de conversación

1. ¿Has tenido alguna entrevista de trabajo?

a) Sí, he tenido varias entrevistas de trabajo. Nunca pensé que *fueran* tan difíciles.

b) No, nunca he tenido ninguna; espero que *haya* una oportunidad pronto.

2. ¿Cómo conviene vestirse para una entrevista de trabajo?

a) Es mejor que *fuéramos* formales y con ropa discreta.

b) Lo mejor sería ir informales, que *sepan* cómo somos en verdad.

3. ¿Cuáles serían tus cualidades (자질) profesionales?

a) Soy trabajador(a) / serio(a) / sincero(a) / abierto(a) / puntual / ___________

b) No creo que *tenga* muchas cualidades, pero al menos (적어도) no soy ________ ______________________

4. ¿Cuáles son tus defectos (단점) o tus fallas (부족한) en el campo profesional?

a) Soy perezoso(a) / un poco inseguro(a) / impuntual / ___________

b) Creo que no tengo muchos defectos, no quisiera ser tan ___________

5. ¿Cuál es el mayor anhelo (소원) de tu vida?

a) Mi sueño sería ser ______________________

b) Sueño con que *pueda* tener / hacer ___________ / vivir en ___________ / aprender a ___________

c) Deseo que *llegue* la oportunidad de trabajar en ___________

Avanzado

6. ¿Qué carrera estudias, te gustaría seguir algún posgrado (대학원)?

a) Estudio la carrera de __________, si *pudiera* estudiaría para especializarme en __________

b) Estudio la carrera de __________ y no creo que *pueda* continuar estudiando nada más.

7. ¿Preferirías trabajar solo(a) o en equipo?

a) Preferiría trabajar solo(a), para que *pueda* aplicar todos mis conocimientos y que *pueda* __________

b) Preferiría trabajar en equipo, porque hoy en día (오늘날) es necesario que todos *compartan* sus __________

8. ¿Cuáles serían las cualidades necesarias para encontrar un buen trabajo?

a) Sería necesario que la persona *hablara* varios idiomas, porque __________

b) Creo que es mejor que *tenga* un posgrado, porque __________

c) Sería conveniente que *demuestre* (보여 주다) experiencia en el puesto __________

9. ¿Has tenido alguna vez un trabajo de medio tiempo (아르바이트)?

a) Sí, trabajé medio tiempo en __________ hace __________

b) No, nunca; pero me gustaría trabajar medio tiempo en __________

10. ¿Te gustaría hacer teletrabajo (재택근무) (trabajo desde casa)?

a) Sí, me gustaría hacer teletrabajo, si *fuera* posible en __________

b) Sí, actualmente hago teletrabajo, trabajo en __________; nunca creí que *fuera* tan interesante ni tan __________

c) No, no me gustaría hacer teletrabajo; si *pudiera*, preferiría salir de casa para trabajar.

11. ¿Has sido voluntario(a) alguna vez, crees que sea importante para tu futuro trabajo?

a) Sí, trabajé como voluntario(a) en __________ y sí, creo que sería un punto bueno si se *relacionara* con mi futuro trabajo, porque __________

b) Sí, actualmente trabajo como voluntario(a) en __________, pero no creo que me *sirva* para mi futuro trabajo, porque __________

c) No, nunca he trabajado como voluntario(a), si *pudiera* me __________

12. ¿Has trabajado alguna vez por tu cuenta?

a) Sí, he dado clases a chicos menores para que *puedan* entrar a __________

b) Sí, vendí __________ por mi cuenta, nunca creí que tendría __________

c) No, nunca he trabajado por mi cuenta, si *pudiera* probaría con __________

Avanzado

13. ¿Dónde te gustaría trabajar cuando te gradúes?

a) Si *pudiera*, me gustaría trabajar en una compañía de __________ / en el gobierno / en una escuela de __________

b) Si *fuera* posible, me gustaría ser independiente, poner mi propio negocio.

14. ¿Te gustaría tener tu propio negocio en el futuro?

a) Si *fuera* posible, me encantaría tener un negocio de __________

b) Aunque (...에도 불구하고, ...이지만) *fuera* posible, no me gustaría tener negocio propio, porque __________

15. ¿Cuál ha sido el mayor éxito de tu vida hasta la fecha?

a) Mi mayor éxito ha sido que gané __________ / que obtuve __________ / que __________

b) Creo que todavía no he alcanzado mi mayor éxito, lo alcanzaré cuando sea __________ / cuando *termine* __________ / cuando *encuentre* __________

DISCUSIÓN

17

En equipo, preparar algunas ideas sobre el siguiente tema

**Preparar juntos las respuestas, todos deben hablar*

Tema de discusión

"La separación de familias ilegales"

Las familias separadas de los inmigrantes ilegales

En las noticias de todos los medios vemos que ciertos gobiernos iniciaron una agresiva campaña contra los inmigrantes ilegales hace algunos años. Dijeron que separarían a los padres de sus hijos menores de edad. Hay miles de niños separados de sus padres que esperan en albergues a que sus padres los recojan algún día. El problema es que muchos de esos padres ya salieron de dichos países. Ahora, esos gobiernos tienen el problema de localizar a esos padres para devolverles a sus hijos, a fin de que crezcan con el afecto que todo niño merece.

1) ¿Qué opinas de esa medida para obligar a los inmigrantes ilegales a salir de esos países?

2) ¿Quiénes son culpables de que haya inmigrantes ilegales?

3) ¿Qué harían los coreanos en caso de una llegada masiva de inmigrantes ilegales?

Tema

19 Las enfermedades

**Afirmar con indicativo y negar con subjuntivo*

El verbo **creer** en el sentido de formarse una **idea**, **juicio** u **opinión** se construye generalmente en el modo **indicativo** (**creo** que **está** incorrecto, **creo** que **llegará** tarde, **creo** que **terminaremos** pronto).

Pero en su forma negativa, el verbo **creer** equivale a **dudar** y, por lo tanto, se usa el modo **subjuntivo** en la oración **subordinada** (**no creo** que **esté** correcto, **no creo** que **llegue** tarde, **no creo** que **terminemos** pronto).

Avanzado

Práctica gramatical

Ejercicio

Completar con SUBJUNTIVO (al negar o dudar) y con INDICATIVO (al afirmar)

1. A: No creen que (tú-PODER [presente]) __________ pasar el examen.
2. B: Pues, yo creo que sí (yo-PODER [futuro]) __________ pasarlo, he estudiado bastante.
3. A: Confiamos en que Joel (ALCANZAR [futuro]) __________ todas sus metas.
4. B: Lo siento, dudo que Joel (ALCANZAR [presente]) __________ sus metas, es muy perezoso.
5. A: Mañana (LLEGAR [futuro]) __________ un primo de mi padre de Colombia.
6. B: No creo que (LLEGAR [presente]) __________ mañana, han suspendido los vuelos.
7. A: Aceptaré ese trabajo, me (CONVENIR [presente]) __________ el horario.
8. B: Pero no creo que te (CONVENIR [presente]) __________ dejar tus estudios.
9. A: Entonces, (yo-BUSCAR [futuro]) __________ otro trabajo en otro horario.
10. B: Dudo que (tú-ENCONTRAR [presente]) __________ un horario a tu gusto.

Respuestas

정답					
	10. encuentres	9. buscaré	8. convenga	7. conviene	6. llegue
	5. llegará	4. alcance	3. alcanzará	2. podré	1. puedas

Práctica de conversación

1. ¿Crees que se debe ayudar a alguien lastimado?

a) Sí, *creo que se debe* ayudar, porque __________

b) No, *no creo que se deba* ayudar si no lo pide, sería mejor __________

2. ¿Te has *fracturado* (골절되다) o *luxado* (금가다) alguna vez?

a) Sí, sufrí fractura en el brazo / en la pierna / en __________, cuando era niño(a), porque __________

b) Sí, sufrí una *luxación* hace poco, cuando __________

c) No, nunca he sufrido ninguna fractura ni luxación.

3. ¿Has sufrido alguna caída alguna vez?

a) Sí, me caí por la escalera / de la cama, pero no me lastimé.

b) Sí, me resbalé con la nieve / con el piso mojado / __________

c) No, nunca he sufrido ninguna caída.

4. ¿Has sufrido alguna quemadura (화상) alguna vez?

a) Sí, me quemé con la estufa (스토브) / con agua caliente / con carbón (숯), cuando __________

b) No, nunca he sufrido ninguna quemadura.

5. ¿Tienes alguna alergia (알레르기)?

a) Sí soy alérgico(a) a ciertas medicinas, por ejemplo, __________

b) Sí, soy alérgico(a) y no puedo comer __________

c) No, no soy alérgico(a) a ninguna medicina ni a ningún alimento.

6. ¿Crees que debe permitirse a los familiares cuidar a sus enfermos en el hospital?

a) *Creo que es* muy cómodo para el enfermo, porque __________

b) *No creo que sea* bueno, porque __________

7. ¿Cuál crees que sea la mayor causa de alergias en Corea?

a) *Creo que* la mayor causa de alergias *es* el polen (꽃가루) de las flores en la primavera, porque __________

b) *Creo que* la mayor causa de alergias *es* la contaminación, y __________

c) *Creo que* la mayor causa de alergias *son* los animales domésticos.

8. ¿Conoces algún remedio casero (민간 요법) para curar la gripe?

a) Sí, te recomiendo que comas / que tomes __________ y te sentirás mucho mejor.

b) No conozco ninguno, pero *no creo que* los remedios caseros *funcionen*, es mejor ir al doctor.

9. ¿Por qué las escuelas, las universidades, las empresas piden un chequeo general de salud?

a) *Creo que es* para evitar enfermedades crónicas y para __________

b) *No creo que sea* solo por __________

10. ¿Cuáles serían las enfermedades más comunes hoy en día (오늘날)?

a) *Creo que* la enfermedad más común, después de la gripe, *es* la dermatitis atópica, porque __________

b) *Creo que* la enfermedad más común *es* __________

dermatitis atópica: inflamación y enrojecimiento de la piel (아토피)
conjuntivitis: inflamación y enrojecimiento de los ojos
otitis: inflamación de los oídos internos
hepatitis: inflamación del hígado (간)
gastritis: úlcera (궤양) e inflamación en el estómago (위)
colitis: inflamación del intestino (소장)
faringitis: inflamación de la faringe (인두)
sinusitis: inflamación del nariz
bronquitis: inflamación de los bronquios (기관지)
otras enfermedades: gripe o gripa, catarro (코감기), tos (기침), fiebre (열)

11. ¿Crees que la contaminación y el estrés de la ciudad serían causantes de enfermedades?

a) Sí, *creo que* la contaminación y el estrés de la ciudad *son* causa de todas las enfermedades, especialmente de ___________

b) No, *no creo que causen* enfermedades, porque ___________

EJERCICIO FINAL

Organizar equipos para jugar a la "Campana dorada" (*Golden Bell*)

**Los alumnos buscarán en Internet estas tradiciones para reconocerlas*

**Se prepararán imágenes representativas*

"Tradiciones y fiestas del mundo en español"

1. Día de muertos
2. La Quinceañera
3. La Noche Vieja
4. La Navidad
5. La Tomatina
6. La Semana Santa
7. El Inti Raymi
8. La Guelaguetza
9. El encierro de Sanfermines
10. El carnaval
11. La Feria de las flores
12. La corrida de toros
13. Festival de Viña del Mar
14. Pachamama
15. Mundial del tango

DEBATE
2

En equipo, preparar algunas ideas sobre el siguiente tema

El celular en clase

Un estudio en 91 colegios ingleses encontró que al prohibir el uso de móviles las notas de los alumnos mejoraban en casi un 10 por ciento. Y otro estudio de la Universidad de Texas en Austin concluyó que los avances de la tecnología no siempre son sinónimo de aprendizaje, ya que si son mal utilizados pueden perjudicar el rendimiento académico de los jóvenes.

Pero algunos especialistas aconsejan que los profesores promuevan durante clases el uso de las tecnologías, aprovechando ciertas aplicaciones que puedan llamar la atención de los alumnos para favorecer su aprendizaje.

a) ¿Por qué se prohibe tener celulares en clase en la escuela elemental, en la secundaria y hasta el bachillerato?

- Pensamos que para los niños y adolescentes ______________________________

b) ¿Por qué no se prohibe también en la universidad?

- En nuestro caso, el móvil ______________________________

c) ¿Qué aplicaciones se podrían utilizar dentro del aula?

- En el aula, el móvil ______________________________

d) ¿Qué desventajas tiene el celular dentro de clase en la universidad?

- Algunas de las desventajas son ______________________________

e) En conclusión: Celulares en el aula, ¿sí o no?

- Pensamos que (SÍ / NO) se deben permitir los celulares en las clases de la universidad, porque ______________________________

Debate: Sugerencias para organizarlo

Fórmulas para iniciar

1. En opinión de nuestro grupo,...
2. Estamos convencidos de que...
3. Nosotros pensamos / creemos / opinamos / consideramos / suponemos que...
4. A nosotros nos parece que...

Mostrar desacuerdo

1. No estamos de acuerdo contigo __________
2. Nosotros no pensamos así __________
3. ¡Qué va! ¡Eso no es así!

Matizar una opinión

1. Estamos parcialmente de acuerdo con ustedes, pero...
2. Eso es cierto, pero además...

Rechazar

1. No, espera, nosotros no queríamos decir eso __________
2. ¡Perdona! No nos hemos explicado bien __________

3. Lo que yo quería decir en nombre de mi grupo es que...
4. Espera, espera... ¡Déjame terminar, por favor!

Concluir

1. Para finalizar, queremos decir que __________
2. La conclusión de nuestro grupo es que __________

ANEXO

PERSONAJES FAMOSOS

"El Libertador de América"
SIMÓN BOLÍVAR
(Venezuela)

ARGENTINA

Carlos ***Gardel*** (argentino) - Músico (음악가)
*Llevó el tango a Francia y España.

Ernesto ***"Che" Guevara*** (argentino) - Médico (의사) y revolucionario (혁명가)
*Luchó por la libertad (자유) de Cuba.

Jorge Luis ***Borges*** (argentino) - Escritor (작가)
*Se quedó ciego (시각 장애인) pero siguió escribiendo.

CHILE

Gabriela ***Mistral*** (chilena) - Poetisa (시인) y profesora (교사)
*Premio Nobel de Literatura, 1945.

Pablo ***Neruda*** (chilena) - Poeta (시인)
*Premio Nobel de Literatura, 1971.

COLOMBIA

Fernando ***Botero*** (colombiano) - Pintor (화가)
*Su técnica: agrandar y deformar los volúmenes.

Gabriel ***García Márquez*** (colombiano)- Escritor
*Premio Nobel de Literatura, 1982.

CUBA

José ***Martí*** (cubano) - Escritor y libertador (해방자)
*"Padre de la Patria".

Celia Cruz (cubana) - Cantante (가수)
*"La Reina de la Salsa".

ESPAÑA

Antonio ***Gaudí*** (español) - Arquitecto (건축가)
*Su estilo: Modernismo catalán.

Federico ***García Lorca*** (español) - Escritor
*Autor de *La casa de Bernarda Alba*.

Miguel de ***Cervantes*** (español) - Escritor
*El más grande escritor en español. Autor de "El Quijote".

Pablo ***Picasso*** (español) - Pintor
*Creador del Cubismo.

GUATEMALA

Rigoberta Menchú (guatemalteca) - Activista indígena (인디언 운동가)
*Premio Nobel de la Paz, 1992.

MÉXICO

Benito ***Juárez*** (mexicano) - Político (정치가)
*"Benemérito de las Américas".

Emiliano ***Zapata*** (mexicano) - Revolucionario
*Su lema: "Tierra y libertad".

Sor Juana Inés de la Cruz (mexicana) - Poetisa
*"La Décima Musa".

Frida Kahlo (mexicana) - Pintora (화가)
*Pintora del dolor. Fue amiga de los muralistas mexicanos.

VENEZUELA

Simón ***Bolívar*** (venezolano) - Libertador
*"El Libertador de América".